AF226777

M. RÉCIPON

SES AVENTURES ÉLECTORALES

ET

SES MÉTAMORPHOSES

Par TH. LE GOURIÉREC,

SON PORTRAITISTE ORDINAIRE

Prix : 1 franc.

NANTES

IMPRIMERIE ADMINISTRATIVE DE PAUL PLEDRAN

Quai Cassard, 5, près le pont d'Orléans

1877

M. RÉCIPON

SES AVENTURES ÉLECTORALES

ET

SES MÉTAMORPHOSES

Par TH. LE GOURIÉREC,

SON PORTRAITISTE ORDINAIRE

Prix : 1 franc.

NANTES

IMPRIMERIE ADMINISTRATIVE DE PAUL PLÉDRAN

Quai Cassard, 6, près le pont d'Orléans.

1877

AVANT-PROPOS

Lorsque j'entrepris pour la première fois — il y a bientôt sept ans, — de *portraiturer* M. Récipon, j'étais loin de me douter, qu'il me donnerait dans la suite tant de tablature, et qu'à chaque élection nouvelle, je verrais ce sempiternel sujet poser devant moi.

Ah ! si j'avais pu prévoir, dès le commencement, le goût prononcé de M. Récipon pour les aventures électorales, malgré toutes les prérogatives attachées à l'emploi de portraitiste ordinaire de M. Récipon, je me serais bien gardé de briguer ce périlleux honneur. Car l'artiste le plus patient se lasse à la longue de reproduire le même visage. Cela devient monotone, fastidieux.

Et volontiers, je serais tenté de dire à M. Récipon, en m'appropriant les paroles du poëte :

> Récipon, cesse de vaincre,
> Ou je cesse d'écrire.

Pour aujourd'hui, je me résigne encore, mais ce sera la dernière fois, je l'en préviens !

Il est fort heureux, pour son biographe, que M. Récipon change souvent d'aspect. Il a cela de commun avec la lune. Grâce à ses différentes phases, on peut en parler longtemps, sans trop se répéter.

Pour ceux de mes lecteurs, qui n'ont pas vu les trois précédents portraits à la plume que j'ai tracés de M. Récipon, j'esquisserai d'abord son lointain passé — qui n'est pas sans gloire.

J'aborderai ensuite des temps plus rapprochés, fourmillant d'anecdotes piquantes, dont je ferai un choix, pour en composer un bouquet, destiné à être offert en prime à mes lecteurs.

M. RÉCIPON

SES AVENTURES ÉLECTORALES

ET SES MÉTAMORPHOSES

LIVRE I

—

AVANT.

—

Le vieux Récipon ou Récipon tanneur, radical.

—

CHAPITRE I

NAISSANCE ET PORTRAIT PHYSIQUE DE M. RÉCIPON.

M. Récipon (Louis-Emile) aura 39 ans, le 18 octobre 1877. Il est né au Puy, où son père était marchand de dentelles, dont la fabrication constitue la principale industrie du chef-lieu de la Haute-Loire.

M. Récipon est blond, de taille moyenne. Sa figure n'offre aucun cachet particulier, et le physionomiste le plus habile, à moins d'y mettre de la

.complaisance, n'y découvrirait pas le moindre signe révélant des facultés exceptionnelles.

Le front est moyen, l'œil sans vivacité, la démarche lourde, plus lourde encore depuis l'héritage. On dirait que, pour se donner du genre, il traîne toujours ses millions après lui.

Tel est, à première vue, et sauf erreur d'observation, le portrait physique du candidat de l'arrondissement de Châteaubriant.

Ajoutons qu'il mâchonne en parlant, comme s'il *mangeait des pois chauds,* suivant la pittoresque expression de M. de La Rochefoucauld. C'est gênant, lorsqu'on aspire à devenir orateur. Aussi, avais-je conseillé à M. Récipon, pour se corriger de ce vice de prononciation, d'user du procédé de Démosthènes.

Je m'empresse de dire que ce conseil n'a pas été suivi, non plus que les autres, que j'ai cru devoir lui donner à diverses époques.

Aux fonctions d'historiographe, je ne joins pas celles de conseiller intime de M. Récipon. Mes avis, quoique bons, et parfaitement désintéressés, sont rarement écoutés !

CHAPITRE II

LE PASSÉ COMMERCIAL DE M. RÉCIPON JUSQU'EN 1874.

Je ne possède aucunes données certaines sur la jeunesse de M. Récipon, ni sur les raisons, qui le déterminèrent à quitter sa ville natale, pour fixer sa résidence à Nantes. Au surplus, cela ne me regarde pas !

Il était écrit dans la destinée de M. Récipon qu'il se noierait en Loire ; mais était-il besoin de faire un si long voyage, n'y avait-il pas assez d'eau au Puy ?

Même ignorance, au sujet de la date précise où cette brillante étoile fit son apparition sur l'horizon de Nantes. Le *Bureau des Longitudes,* que j'ai consulté, est muet à cet égard.

Ce qui est positif, c'est qu'un frère de M. Récipon, docteur-médecin à Paris, épousa à Nantes, en 1863, une demoiselle Manson.

L'année suivante, le 30 janvier 1864, M. Récipon (Louis-Emile) épousait, à son tour, une seconde demoiselle Manson (Caroline), née à Nantes, le 15 septembre 1841. C'est une personne d'un grand sens, d'un esprit cultivé, dont l'éloge est dans toutes les bouches. Elle a surtout le rare mérite de ne pas s'être laissée aveugler par la fortune.

Sur son acte de mariage, M. Récipon se décernait le titre d'Ingénieur civil. J'ai failli perdre la vue, à force de consulter les listes d'admission et de sortie de l'Ecole centrale, sans apercevoir nulle part le nom de M. Récipon. Et, après toutes mes investigations, j'en suis encore à me demander, sur les bancs de quelle école il a conquis son diplôme d'ingénieur.

Il est certain que le petit commerce de beurre et

d'œufs, auquel se livra M. Récipon après son mariage, n'exigeait nullement de grandes connaissances techniques.

Un commis, qui maniait aussi souvent la brouette que la plume, suffisait amplement aux écritures de la maison. Le commis, peu partisan du cumul, ne tarda pas à prendre un congé définitif.

D'ailleurs, le beurre et les œufs n'allant pas, M. Récipon lâcha promptement ce commerce peu lucratif, pour se lancer dans l'industrie des cuirs. C'est de cette industrie qu'il vécut, jusqu'au moment où l'aveugle Fortune, passant à ses côtés, lui jeta sa corne d'abondance.

CHAPITRE III

M. RÉCIPON SE FAIT DÉMOCRATE

De tout temps, M. Récipon a eu la monomanie des honneurs. Vilaine maladie, car elle est incurable.

Convaincu qu'il y avait en lui l'étoffe d'un homme d'Etat, il ne pouvait se consoler de n'être rien, et d'être confondu dans la foule, avec les simples mortels.

Lorsqu'il n'était encore qu'un tout petit négociant, il bornait son ambition à obtenir un siège à l'Hôtel-de-Ville.

Un jour, Mme X... disait à M. Y..., ami de la maison : « Oh ! Monsieur, comme vous rendriez M. Récipon heureux, si vous pouviez en faire un Conseiller municipal. »

Pouvoir mettre sur sa carte de visite : M. RÉCIPON, *Conseiller municipal de Nantes,* tel était alors le rêve caressé par le futur millionnaire. Depuis, l'appétit lui est venu en mangeant.

Que faire pour que ce rêve devienne une réalité? telle est la question que se posait M. Récipon, une nuit qu'en son gîte il songeait.

Archimède — se disait-il à lui-même — ne demandait qu'un levier et un point d'appui pour soulever le monde. Ce qui veut dire qu'avec un levier et un point d'appui on peut tout faire.

Moi qui ne demande qu'à soulever ma petite personne, quel genre de levier et de point d'appui adopterais-je bien? — Ainsi raisonnait M. Récipon.

La réflexion ne fut pas longue. Une idée lumineuse venait de jaillir de son cerveau. Il saute à bas de son lit, et courant à travers sa chambre, en toilette presque primitive, il s'écria, comme Archimède : EURÉKA — *J'ai trouvé!* Il avait trouvé, en effet, et voici à quelle solution il s'était arrêté :

Son levier serait le *suffrage universel;* son point d'appui : *la bêtise populaire.*

On flatte bassement le populaire, on excite ses appétits grossiers, on lui promet monts et merveilles, sans oublier les *alouettes rôties,* et le tour est joué.

Le procédé ne varie pas et réussit toujours! Il

est très-simple et à la portée de toutes les intelligences !

— Ce sera le mien, se dit M. Récipon.

Il est difficile, en effet, de rencontrer foi plus robuste que chez les Béotiens de la Démocratie.

Toujours dupés et toujours contènts ! On dirait qu'ils se plaisent à être trompés, comme ces femmes qui aiment à être battues.

Voilà plus d'un siècle qu'ils allongent vers le Ciel leurs becs affamés, sans y voir tomber les alouettes promises par les Panurges du troupeau démocratique.

Néanmoins un siècle de cruelles déceptions, de catastrophes terribles n'a pu ouvrir les yeux à ces aveugles, qui continuent à demander aux charlatans de la politique le remède à des maux, que la religion seule peut, sinon guérir radicalement, du moins adoucir.

Le jour où le peuple reviendra à Dieu, son sort lui paraîtra moins à plaindre, car la paix du cœur, la joie d'une bonne conscience consolent de bien de maux.

Un pauvre ouvrier, un malheureux paysan qui ont la foi ne changeraient pas de condition avec un millionnaire incrédule, car il estime sa foi plus que tous les millions du monde.

Malheureusement, l'ouvrier tourne trop souvent le dos au prêtre, qui ne lui promet que le ciel, pour courir après le tribun, qui lui promet forces jouissances et félicités terrestres.

L'aveuglement populaire ne saurait être comparé qu'à l'aveuglement des Juifs. Les réformes démocratiques se feront attendre aussi longtemps que le Messie des Israélites.

Revenons à M. Récipon.

La démocratie étant en ce moment la voie la plus directe pour arriver aux honneurs, M. Récipon, qui était pressé, se fit démocrate.

CHAPITRE IV

M. RÉCIPON ACTIONNAIRE *de l'Union Démocratique.*

> Aide-toi
> Et le ciel t'aidera,

dit un vieux proverbe. M. Récipon ne comptant pas beaucoup sur l'appui du ciel qu'il n'a pas appris à invoquer, jugea à propos de s'aider beaucoup lui-même. On ne saurait nier, en effet, que si M. Récipon est arrivé à se faire nommer Conseiller municipal, ce n'est pas sans se donner beaucoup de mal, sans faire à sa bourse de fortes saignées.

Une circonstance vint favoriser l'ambition naissante de M. Récipon.

En décembre 1869, parut à Nantes un détestable journal, aussi dépourvu d'esprit et de talent, qui vécut peu — deux ans et quelques mois —

mais qui, dans sa courte existence, fit un tapage effroyable. C'est assez d'ailleurs dans les mœurs démocratiques, de faire du bruit — plus de bruit que de besogne.

La nouvelle feuille, qui avait nom l'*Union Démocratique,* se flattait d'être l'organe de 14,500 électeurs, et, à ce titre, s'était attribué la mission de morigéner vertement le *Phare de la Loire,* qu'elle accusait de tiédeur et de relâchement, dans l'exercice de ses fonctions, et dont l'attitude, dans la précédente période électorale, n'avait été ni nette ni franche.

Sur ce dernier point, le reproche de l'*Union Démocratique* ne manquait pas de fondement.

A force de vouloir être trop habile, en voulant ménager la *chèvre et le chou,* le *Phare* n'avait réussi qu'à mécontenter tout le monde et son père.

Aussi, le vide se fit-il promptement dans les bureaux du *Phare,* et, à part une poignée de fidèles, toute la foule, toute la queue démocratique conduite par Guépin, son chef de file, passa avec armes et bagages dans le camp de l'*Union Démocratique,* — ainsi nommée parce que ses bureaux présentaient l'image de la plus parfaite anarchie.

De mon bureau de l'*Echo Nantais,* j'entendais souvent les bruyantes discussions qui s'élevaient au sein du cénacle républicain. J'ai craint plus d'une fois qu'ils n'en vinssent à se prendre aux cheveux et à se manger le nez. Je vous avoue que e les aurais laissés faire !

Au reste, je n'ai jamais connu d'hommes se détestant plus cordialement que les démocrates. Si la haine contre l'Eglise et la société ne leur servait pas de lien commun, ils s'entre-dévoreraient, tout comme aux beaux jours de 1793 et suivantes.

« *La marque à laquelle on reconnaîtra que vous êtes mes disciples,* a dit Jésus-Christ, *c'est que vous vous aimiez les uns les autres.* » On voit que ces gens-là ne sont pas des disciples du Christ. Parlez à un démocrate d'un autre démocrate, soyez sûr qu'il vous en dira du mal.

C'est un spectacle assez curieux que la création d'un journal démocratique. Il offre à l'amateur une étude de mœurs pleine d'intérêt. On voit s'agiter autour de la feuille naissante tout un monde d'ambitions déçues, qui cherchent à prendre position. On voit passer et repasser tous les dénonciateurs d'abus, tous les grands politiques, tous les régénérateurs de la société, tous les réformateurs du genre humain, et l'énorme queue des candidats de toute catégorie.

Pour juger de l'énorme importance, que l'*Union Démocratique* allait prendre dans les affaires de la cité, il suffit de citer les noms des membres de sa Commission administrative, à la date du 23 février 1870. Les voici :

BERTIN, FABRICANT DE COLLE-FORTE, *président.*
HUMEAU, DROGUISTE, *vice-président.*

J.-F. ROLLAND, COMPTABLE, *secrétaire!!!*
A. PORTIER, MARCHAND DE DRAPS.
H. LAFORGUE-DEMANGLES.
VICTOR COUDRIN, CORDONNIER EN RETRAITE.
SUIRE, OUVRIER TYPOGRAPHE - AUBERGISTE.

On connaissait déjà la pléïade céleste, la pléïade poétique ou pléïade grecque, la pléïade philosophique ou des sept sages, la pléïade française. Il manquait la pléïade nantaise, et c'est l'*Union démocratique* qui combla cette lacune. Quand ce journal n'aurait rendu d'autres services à la cité, cette découverte suffirait pour sa gloire.

Toutefois, le dirais-je ? pour que la liste des notables de la cité fut complète, il y manquait un nom, celui de M. Récipon.

Ce n'était pas un oubli ; on avait bien songé à lui, mais on ne voulait que sept membres dans l'Aréopage démocratique, en mémoire des sept sages de la Grèce, et M. Récipon était bien trop occupé par ses triples fonctions de tanneur, de bailleur de fonds de l'*Union Démocratique* et de rédacteur, pour pouvoir descendre dans de petits détails d'administration.

Car, qui le croirait ? M. Récipon a manié autrefois, dans ses moments de loisir, la plume de journaliste ; il a été un instant mon confrère ! C'est pour cela que je lui porte un si vif intérêt.

En fouillant dans la collection de l'*Union Démocratique,* on pourrait y découvrir, relégués à la quatrième page, deux ou trois mauvais articles ébauchés par M. Récipon et insérés dans le journal, après avoir été revus, corrigés et complètement refondus par la Rédaction en chef.

Je n'invente rien. Je tiens ces détails précieux d'anciens amis politiques de M. Récipon.

CHAPITRE V

SEPTEMBRE 1870. — M. RÉCIPON CHANGE DE CARRIÈRE. — D'ÉCRIVAIN PUBLIC, IL SE FAIT ORATEUR.

Septembre 1870 ! Date sinistre, écrite en lettres de feu, de sang et de boue dans les annales de notre histoire.

En ce temps-là, une bande d'oiseaux de proie s'abattit sur la France, comme pour aider les Prussiens dans leur œuvre de destruction.

En ce temps-là, le grand Rabagas régnait sur la France, disposant en maître de son sang et de ses trésors, promenant son incapacité dans les airs, sur terre et sur mer, de Paris à Tours, de Tours à Bordeaux. Généralissime des armées françaises, il foudroyait l'ennemi du coin de son feu, faisait et défaisait les généraux, traçait des plans de campagne absurdes du fond de son cabinet de dictateur, insultait nos soldats et leurs chefs malheureux, publiait des bulletins mensongers et s'imaginait répondre amplement à tous les besoins de la situation, quand il avait hurlé son refrain ordinaire : *La République sauvera la France.*

Hélas ! la République n'a rien sauvé du tout, que la caisse de M. le Dictateur qui fila en Espagne, comme un caissier infidèle, quand le moment de la reddition des comptes fut venu.

Citoyen Gambetta, avant de politiquer à perte de vue sur les futures destinées de la France, raconte au public l'histoire de *l'Emprunt Morgan* et dis-lui comment il se fait qu'un pauvre diable comme toi, qui n'avait ni sou ni maille en septembre 1870, soit devenu en février 1871 un grand seigneur. Allons, Monsieur le Dictateur, retourne tes poches.

En ce temps-là, l'avocat Jules Favre, digne lieutenant de Gambetta, s'en allait pleurnicher à Ferrières, dans le gilet de M. de Bismark, puis venait dire à la France, qui avait la bonhomie d'ajouter foi à ces paroles :

> Pas une pierre de nos forteresses,
> Pas un pouce de notre territoire.

Qu'allait faire à Ferrières cet avocat larmoyant? M. Jules Favre auprès de Bismark, c'est-à-dire le plus inepte des négociateurs des temps modernes, auprès de l'un des plus habiles diplomates du siècle, quel contraste ! N'est-ce pas. là l'image la plus frappante de la France abaissée, humiliée, telle que l'a faite la Révolution, auprès de l'Allemagne poursuivant glorieusement le cours de ses destinées grâce à la stabilité de ses institutions monarchiques.

En ce temps-là, un sinistre vieillard, qui de tout temps a mis son génie au service de la Révolution, qui depuis plus d'un demi-siècle a exercé sur les destinées de son pays, une si fatale influence, s'en allait de capitale en capitale mendier à la France des secours ou des sympathies, secours et sympathies, qu'on accorde à un gouvernement régulier, mais jamais à une poignée d'aventuriers.

Notre infortuné pays ne pouvait alors inspirer au monde entier qu'une immense pitié, mêlée de dégoût ! M. Thiers, en homme habile qu'il était, eut dû le prévoir et décliner une mission, dont la France ne pouvait retirer aucun profit. On traite avec une assemblée régulièrement élue ; on ne saurait traiter avec une douzaine d'avocats sans mandat.

Septembre 1870 ! En ce temps-là, tous les histrions et les baladins de la politique s'en donnaient à cœur joie, traitant en pays conquis cette pauvre terre de France, déjà piétinée par les hordes étrangères.

C'était le temps des envieux, des médiocres, des vaniteux incapables ; et, comme si la France n'en renfermait pas assez, la Pologne et l'Italie versaient sur elle leur contingent d'aventuriers, Garibaldi en tête, ce roi des aventuriers.

Chaque jour amenait une catastrophe nouvelle. Les journaux ne suffisaient plus à enregistrer nos désastres. Un moment on put croire que Dieu avait abandonné la France, et que le glas funèbre allait sonner pour celle qui fut autrefois la reine des nations!

*
* *

M. Récipon pouvait choisir son heure. C'est ce moment-là qu'il choisit pour sortir de la coulisse, où il s'était caché jusqu'alors.

Il grimpa sur les tréteaux de la Renaissance et présida plus d'une fois ces tumultueuses assemblées que l'on décorait du nom de *réunions publiques*, et qui n'étaient autres que les grandes assises des énergumènes politiques, prononçant des discours insensés, proposant des motions ridicules et hurlant la *Marseillaise* à une distance respectueuse de l'ennemi. Lorsque celui-ci ne fut qu'à une trentaine de lieues, déjà les paroles expiraient dans le gosier!

On se rappelle ce jeune acteur de Nantes, chantant les grands airs patriotiques, enveloppé dans les plis du drapeau national, et filant un beau matin vers les rives étrangères, parce que, la veille, on lui avait remis une feuille de route, pour se rendre dans des contrées, où l'on voyait l'ennemi autrement qu'en effigie. Son courage avait fondu en une seule nuit!

M. Récipon était fait pour le saut périlleux; le tremplin devait être son théâtre. Après avoir échoué dans la carrière d'écrivain, il s'essaya dans celle d'orateur. L'échec fut encore plus complet. C'est à peine s'il parvint à mâchonner quelques lambeaux de phrases, que personne ne pouvait saisir, pas même le secrétaire de la réunion, car j'ai consulté en vain tous les procès-verbaux de l'époque.

Verba volant ; scripta manent ! Décidément, il n'y aura que les écrits de M. Récipon qui passeront à la postérité !

CHAPITRE VI

UN VOYAGE MANQUÉ

Gambetta trônait à Tours. De tous les points de la France partaient des députations pour aller trouver le Dictateur. Les unes allaient simplement rendre leurs hommages au Grand-Manitou ; les autres, lui soumettre un nouveau mode de salut pour la France. Si le pays n'a pas été sauvé, ce n'a pas été faute de sauveurs. Chacun avait son petit projet en poche. A tout instant, on s'attendait à voir disparaître les Prussiens, par l'effet d'une puissance magique. *La République sauvera la France,* avait dit le dieu du jour !

Lorsque toute la France s'ébranlait, Nantes ne pouvait rester en arrière. Plusieurs pèlerinages furent organisés par les bons soins des clubs. A leur retour, les délégués venaient rendre compte de leur mission dans une séance solennelle, organisée en leur honneur, tantôt au Grand-Théâtre, tantôt à la Renaissance.

Les Girondins du *Phare de la Loire* préféraient la place Graslin, comme plus aristocratique ; les

Montagnards de l'*Union Démocratique* donnaient la préférence à la Renaissance, où ils étaient sûrs de rester maîtres de la discussion, grâce à la puissance de leurs poumons.

Tours et Bordeaux étaient devenues des cités saintes, succursales de la Mecque, pendant le séjour du Dictateur ; et, de même que tout fidèle musulman doit faire une fois dans sa vie le pèlerinage de la Mecque, tout démocrate, qui n'a pas fait le voyage de Tours ou de Bordeaux, n'a pas droit au certificat de civisme.

Un de ces voyages est devenu légendaire! Par une belle matinée d'automne, quatre ou cinq bons bourgeois appartenant à l'espèce dite démocratique, brûlant de l'amour sacré de la patrie, s'échappèrent de Nantes et filèrent jusqu'à Tours.

Ils sollicitèrent une audience du Grand Lama, faveur qui leur fut promptement accordée, vu leur qualité de démocrates. Admis en présence de Gambetta, ces bouillants Achilles, ne pouvant contenir plus longtemps leur humeur belliqueuse, saisirent leurs têtes à deux mains, et s'écrièrent en chœur :

« Citoyen Gambetta, guerre à outrance, guerre à outrance ! Prenez nos têtes, prenez nos têtes, s'il le faut ! »

Il paraît que, ce jour-là, le tribun n'avait pas besoin de têtes ou qu'il ne les leur jugea pas de bonne qualité. Toujours est-il que ces féroces *outranciers* revinrent la tête sur les épaules, dans leur ville natale, où ils furent accueillis par un immense éclat de rire.

M. Récipon devait être du voyage, mais il se déroba à la dernière heure, prétextant une indisposition subite. Les frères et amis lui en voulurent longtemps de ce manque de parole ; ils l'accusèrent d'être un lâcheur ! Grâce à son indisposition vraie ou simulée, M. Récipon échappa à un nouveau ridicule.

Inutile d'ajouter que pas un de ces guerriers fameux ne perdit la tête, si ce n'est au coin du feu, en racontant ses exploits.

On a l'esprit inventif dans le camp démocratique. L'un de ces vaillants, pour se soustraire aux ennuis de la garde nationale ou du corps-de-garde, se fit nommer bourgmestre de village à 10 lieues de Nantes ; un autre prit galon sur galon. Je ne sais si un troisième ne réussit pas à s'introduire à la Préfecture, en qualité de secrétaire du secrétaire du Préfet, etc.

Jamais on n'avait vu tant de galons ni de pompons. On se serait cru en plein carnaval, à en juger par la variété des costumes.

CHAPITRE VII

ASSEMBLÉE NATIONALE. — PROCLAMATION DE LA COMMUNE. — ÉLECTIONS MUNICIPALES DU 30 AVRIL 1871. — M. RÉCIPON EST ENFIN NOMMÉ CONSEILLER MUNICIPAL.

Le carnaval avait assez duré : cinq grands mois ! Le 12 février 1871, l'Assemblée nationale tenait à Bordeaux sa première séance. Les élections avaient été, en très-grande majorité, favorables au parti conservateur.

En face des dangers de la patrie, la France — la vraie — s'était réveillée, avait fait entendre sa grande voix et congédié ces gouvernants d'aventure qui, au nom de la *liberté,* avaient révoqué les maires et les magistrats, dissous les Conseils élus ; au nom de l'*égalité,* s'étaient couverts de galons, affublés de plumets et de panaches comme au beau temps du Directoire ; au nom de la *fraternité,* avaient envoyé au feu et à une mort certaine des milliers de pauvres diables sans armes, sans vivres. avec des chaussures de cartons et des vêtements en loques.

Deux provinces livrées à l'ennemi et cinq milliards, telle fut la carte à payer du gouvernement *de la Défaite nationale !*

On le voit, la parole de Gambetta : *La Répu-*

blique sauvera la France, et celles de son lieutenant en incapacité : *Pas une pierre de nos forteresses ; pas un pouce de notre territoire*, ne pouvaient recevoir une plus complète justification.

Le 2 mars, les préliminaires de la paix étaient ratifiés par l'Assemblée nationale ; et le samedi 11 mars, celle-ci tenait sa dernière séance, dans le chef-lieu de la Gironde, en s'ajournant à Versailles, au lundi 20 mars suivant.

*
* *

Si quelque chose pouvait consoler d'une grande douleur, la France eut quitté ses habits de deuil le jour, où elle se crut débarrassée de la bohême radicale. Hélas ! elle avait compté sans l'habile négociateur de Ferrières et de Versailles.

Jules Favre, en diplomate toujours prévoyant, avait désarmé la troupe et confié à la garde nationale le maintien de l'ordre dans Paris. Il ne pouvait mieux s'adresser ; celle-ci s'acquitta de sa mission en vraie garde nationale !

Le 18 mars, entre le départ de Bordeaux et l'installation à Versailles, une insurrection formidable éclatait dans la capitale, et une fois de plus, le gouvernement était contraint de fuir devant l'émeute parisienne.

Je n'ai pas à faire ici l'histoire de la Commune ; on sait ce qu'elle fut pendant ses deux mois de règne ; elle fit plus de mal à la France que les hordes germaniques.

La plupart des grandes villes, Lyon, Marseille,

Saint-Étienne, Toulouse, etc., excitées par les suppôts du parti radical, suivirent l'exemple de Paris. Quelques infimes localités pour se donner des airs de grandes villes, entrèrent dans le mouvement.

Nantes eut la sagesse de rester calme, malgré quelques excitations sournoises parties de certains clubs ou cercles.

Que devenait, pendant cette nouvelle orgie radicale, notre candidat perpétuel ? — Chacun fait ce qu'il peut ! Ne pouvant voler au secours des frères et amis, pour plus d'une raison, dont la meilleure était qu'il ne se sentait aucun goût belliqueux, il leur rendait tous les petits services qui dépendaient de lui. Il hébergeait le citoyen Cantagrel, réservé *in petto* pour la Préfecture de la Loire-Inférieure, au jour du triomphe définitif de la Commune ; il soudoyait de ses deniers l'aimable feuille, qui avait nom *l'Union Démocratique,* la seule qui eut le triste courage de prendre ouvertement parti pour la Commune, au 18 mars et dans les jours qui suivirent.

Fidèle à ses habitudes de prudence, le *Phare de la Loire* gardait une neutralité équivoque, dont il ne sortit qu'à partir du moment, où l'on put voir clairement, que les affaires de la Commune étaient désespérées.

*
* *

Toute peine mérite salaire ! Tout bienfait porte avec lui sa récompense. Consciencieusement,

M. Récipon s'était donné assez de mal depuis deux ans et demi; il avait fait assez de bien à la caisse de *l'Union Démocratique,* souvent bas percée, pour avoir droit à une faveur exceptionnelle. Il l'obtint dans la journée du 30 avril 1871.

Il fut nommé Conseiller municipal, à une écrasante majorité — 8074 voix sur 14465 votants et 26043 électeurs inscrits, le 35e sur 36 — immédiatement avant le citoyen Poydras, contre-maître mécanicien. Son succès ne pouvait être plus éclatant. La joie de M. Récipon fut immense. Dès le soir même du grand jour, il commanda des cartes de visite — 100 à la minute, — pour juger de l'effet que produiraient ces mots,:

M. RÉCIPON, CONSEILLER MUNICIPAL DE NANTES

La caisse de M. Récipon pourrait seule nous dire ce que coûte un siége de conseiller, en temps de République!

N'importe ! M. Récipon avait fait le premier pas dans la voie qui mène aux honneurs et l'on dit qu'il n'y a que le premier pas qui coûte !

Le 30 avril 1871, M. Récipon s'endormit en formant de doux rêves.

CHAPITRE VIII

UNE MORT CRUELLE.

En ce bas-monde, le bonheur n'est jamais parfait. Le nouveau Conseiller devait l'éprouver au lendemain de son triomphe.

Les affaires de la Commune allaient de mal en pis ; de plus, la charmante *Union Démocratique* se mourait d'inanition.

L'organe des 14500 électeurs du docteur Guépin était bien parvenu à force de battre la grosse caisse, de sonner de la trompe, à réunir un millier d'abonnés payants, aux jours de grande prospérité, mais c'était tout et ce n'était pas assez ! Aussi, la caisse était souvent à sec, et quand l'imprimeur demandait à y puiser, on se contentait de l'arroser légèrement, le lendemain c'était à recommencer.

On avait bien recruté ici, et là quelques bons sraélites qui, moyennant promesse d'un siège au Conseil municipal, consentirent à devenir les bailleurs de fonds de ladite feuille, mais comme on voulait les faire *bâiller* trop souvent, ils se lassèrent vite.

A la fin de mai 1871, on était à bout d'expédients, et la situation était devenue intolérable. Il fallait aviser ! La Commune, dernière planche de salut de l'*Union Démocratique* était morte et enterrée.

Un grand conseil se tint, dans lequel il fut résolu que, plutôt que de laisser l'*Union Démocratique* mourir de faim, ses derniers défenseurs l'assommeraient et se feraient tuer ensuite sur son cadavre.

Cantagrel et *Populus* fourbirent leurs armes ; Flamant fournit la massue. Tous trois firent leur testament politique et le sacrifice fut consommé.

Voici les deux derniers jours de ces trois braves:

Le 8 juin, M. Flamant, ex-professeur de mathé-matiques à l'Ecole professionnelle municipale de Nantes, ex-sous-préfet de l'arrondissement de Châteaubriànt, pendant la période carnavalesque, redevenu simple gérant de l'*Union Démocratique,* le lendemain de Mardi-Gras, était invité à comparaître devant la Cour d'Assises, où il s'entendit condamner à un mois de prison et à cent francs d'amende.

Trois mois de prison et 300 francs d'amende étaient octroyés à M. Gallery des Granges — *Populus* — qui avait reçu la même invitation que son confrère. Trois mois et 300 francs, c'était le prix d'estimation de la Cour pour l'article intitulé : *Les Jeux d'Adolphe,* article dans lequel M. Thiers était horriblement maltraité.

A cette époque, les radicaux ne l'avaient pas encore adopté pour *cheval de renfort.*

Hélas ! le cheval de renfort est mort, sans avoir pu gravir la côte, qui mène à la montagne, mort en conspirateur, après avoir vécu en intrigant.

Le lendemain vendredi, deuxième affaire de l'*Union Démocratique.*

C'était au tour de M. François Cantagrel, rédac-teur en chef, surnommé le *Vieux Farceur,* de s'entendre condamner à six mois de prison et 2,000 francs d'amende.

Par la même occasion, M. Charles-Ernest Flamant, gérant responsable, recevait un petit supplément de solde de 15 jours de prison et 50 francs d'amende.

Les trois braves étaient servis à souhait !

Ainsi finit l'*Union Démocratique,* patronnée par les citoyens Guépin, Laisant, Récipon, Ferrer, Colombel, etc., et toute la fine fleur de la démagogie nantaise.

Le combat finit, faute de combattants ; la lampe s'éteignit faute d'huile ! La feuille qui s'était annoncée avec tant de fracas, disparut obscurément de la scène politique, sans laisser derrière elle la moindre sympathie. Lorsque vint le moment de régler les funérailles, c'était à qui ne paierait pas. Ainsi passe la gloire de ce monde !

De tout Nantes, je suis peut-être l'homme qui ai le plus vivement regretté la disparition de l'*Union Démocratique.* Cette joyeuse feuille m'avait procuré plus d'un moment de bonheur, causé plus d'un accès de douce hilarité. C'est là que j'ai pu contempler de près les colonnes d'Hercule de la sottise humaine.

CHAPIHRE IX

M. RÉCIPON EST SATURÉ D'HONNEURS. — IL DEVIENT L'HOTE DU CITOYEN LOUIS BLANC. — M. RÉCIPON SE FAIT RÉPUBLICAIN SOCIALISTE.

M. Récipon ne porta pas longtemps le deuil de l'*Union Démocratique;* c'est d'un œil sec qu'il vit partir pour la prison, son ex-pensionnaire Cantagrel, journaliste de dixième catégorie, blackboulé à Nantes et à Blois, son pays natal, et que les Parisiens ont trouvé bon, pour faire un vice-président de Conseil municipal, voire même un député.

Pas dégoûtés, ces bons Parisiens, de faire leurs grands dimanches avec le linge sale de la province !

Évidemment, M. Récipon avait trop conscience de sa valeur, pour vouloir demeurer toute sa vie simple conseiller municipal de Nantes. L'*Union Démocratique* n'était plus là pour le hisser, mais il lui restaient les clubs et le *Phare de la Loire,* car c'est sans la moindre vergogne, qu'il se retourna vers cet ennemi de la veille, après le départ de Cantagrel. Il est toujours bon, quand on est né ambitieux, de se mettre bien, avec ceux qui s'attribuent la mission de distribuer la popularité.

Tout réussit à merveille à M. Récipon. D'avril 1871 à novembre 1874, il fut nommé deux fois conseiller d'arrondissement. Ses affaires politiques marchaient toutes seules, il n'avait plus besoin de s'en occuper. Il était à Londres, lorsque les électeurs lui continuèrent son mandat de conseiller d'arrondissement.

Il ne faut rien négliger. Entre temps, il s'était fait nommer président de la *Bibliothèque populaire,* ingénieuse création qui a pour but d'*aveugler* le peuple, sous prétexte de l'*éclairer.* Il n'y a pas comme ces démocrates pour détourner les mots de leur véritable signification. Dans le jargon démocratique, *canaille* signifie *honnête homme,* et *vice-versâ.* Il faudra que l'Académie française refonde son dictionnaire, si elle veut être à la hauteur de l'époque.

Voilà donc M. Récipon devenu successivement actionnaire de l'*Union Démocratique,* hôte de Cantagrel, conseiller municipal, conseiller d'arrondissement, président de la Bibliothèque Populaire, ami du *Phare de la Loire.* Il semble qu'il ne lui restait plus rien à désirer. Cependant, un honneur, qui surpassait tous les autres, lui était réservé.

A une époque, qu'il m'est impossible de préciser, le citoyen Louis Blanc vint à Nantes porter la bonne parole et réchauffer le zèle des tièdes. Après la sanglante correction infligée à ses amis les communards, peut-être que la précaution n'était pas inutile !

Qui attira à Nantes l'Apôtre du socialisme ? — Je ne saurais le dire, mais il n'est pas défendu de penser que ce fut M. Récipon, attendu que c'est sous son toit que ce révolutionnaire incorrigible — l'un des hommes les plus dangereux du siècle par ses doctrines pernicieuses — alla reposer sa tête. Cet honneur insigne fit plus d'un jaloux, mais M. Récipon calma les plus susceptibles, en les invitant à venir manger leur part du veau gras tué en l'honneur de l'auteur de *l'Organisation du travail.*

En mémoire de cette visite, qui fut un évènement pour M. Récipon, celui-ci se déclara le plus fervent adepte de la doctrine du grand-prêtre du socialisme.

CHAPITRE X

UN ONCLE D'ANGLETERRE.

On croyait généralement que la race bienfaisante des oncles d'Amérique était totalement épuisée. Le fait suivant prouve le contraire, sinon pour l'Amérique, du moins pour l'Angleterre.

Vers la fin de l'année 1874, un mortel favorisé des cieux reçut sur la tête une tuile de plusieurs millions que lui avait lancée, à travers la Manche, un excellent oncle, qui avait eu l'heureuse idée — heureuse pour le neveu — de mourir sans progéniture.

Ce mortel privilégié se nommait Récipon (Louis-Emile.)

Au premier abord, il fut étourdi par le choc, et il y avait de quoi ! Peu de personnes ont la tête assez solide, pour résister à de pareilles commotions. Une fêlure, une congestion cérébrale sont à craindre.

M. Récipon résista, en partie du moins. Après le premier moment d'étourdissement passé, il ne lui resta que deux infirmités : une absence complète de mémoire et de fréquents éblouissements, accompagnés de vertige.

Les absences de M. Récipon sont cause qu'il a entièrement oublié le passé, ce qui oblige son biographe de le lui remettre à tout instant devant les yeux.

M. Récipon a une idée fixe que, je n'essaierai pas de lui enlever ; il me prendrait pour un échappé de Saint-Jacques, ou tout au moins pour un mauvais plaisant. Il se persuade volontiers qu'il est le fils de ses œuvres, qu'il est lui-même l'artisan de sa grande fortune, laquelle il a amassée sou à sou, grâce à son génie financier, et à la prodigieuse habileté qu'il a déployée dans ses vastes opérations commerciales.

La seconde infirmité dont M. Récipon est affligé l'empêche d'avoir une idée nette de la situation présente.

La vue de ses millions l'a ébloui, au point de lui faire croire qu'une caisse rebondie dispense de tout mérite.

Sans doute que l'argent est le nerf de la guerre, mais à moins que M. Récipon veuille bien faire cadeau à l'Etat de ses huit millions, à titre de don patriotique, qu'est-ce que sa grande fortune peut faire au Corps électoral de l'arrondissement de Châteaubriant ?

Or, M. Récipon n'offre que sa personne. En vérité, que veut-il qu'on en fasse dans une assemblée politique sérieuse ?

Un seul Berryer, quand il serait gueux comme Job, est plus à sa place dans les Conseils de la nation, que dix mille Récipon, ruisselants d'or et de pierreries.

Que M. Récipon soit ébloui de sa grande fortune, c'est fâcheux; mais qu'il n'essaie pas d'éblouir, par le miroitement de ses millions, ceux qui sont doués d'une bonne vue, car il n'y parviendra pas !

CHAPITRE XI

LE NOUVEAU MILLIONNAIRE AUX PRISES AVEC LES FRÈRES ET AMIS

Inutile de dire que la fortune de M. Récipon fit sensation à Nantes. L'heureux parvenu commit même l'imprudence de faire sonner trop haut ses écus, car les frères et amis entendirent ce son argentin, qui flatte toujours délicieusement les oreilles, mêmes démocratiques.

Il n'y a plus de Cincinnatus; c'est de l'histoire ancienne. On n'entend parler aujourd'hui que de gens qui aiment à se remplir les poches. Demandez à Gambetta.

Donc, les démocrates accoururent, attirés par le bruit métallique. Dans leur naïveté, ils crurent qu'un héritage leur était tombé du ciel, et qu'il n'y avait plus qu'à procéder au partage.

> Dans la gendarmerie,
> Quand un gendarme rit,
> Tous les gendarmes rient.

De même, dans la démocratie, quand un démocrate hérite, tous les démocrates devraient hériter.

En bonne logique, c'est ainsi que les choses devraient se passer. A quoi bon se dire démocrate, si, lorsqu'on trouve une occasion magnifique de passer de la théorie à la pratique, on ne la saisit pas aux cheveux.

Telle fut pourtant la déplorable attitude de M. Récipon. Lorsque les vieux frères voulurent s'emparer de leur part du gâteau, il leur jeta à la tête cette vieille locution populaire : « *A bas les pattes !* » — Ce fut toute leur part d'héritage.

A toutes les demandes de secours ou de services des frères et amis, M. Récipon répondit par un refus constant, et, pour se débarrasser à l'avenir des importunités démocratiques et sociales, il mit une distance respectueuse entre ses coreligionnaires politiques et lui. Une mauvaise langue a prétendu qu'il s'était sauvé jusqu'à Nice, et ce d'un seul trait, sans regarder derrière lui. Que voulez-vous ? Les démocrates, qui sont de terribles logiciens, ont parfois de terribles exigences. Ils eussent voulu faire de M. Récipon la *vache à lait* de la Démocratie.

CHAPITRE XII

UN NOUVEAU WALLACE

M. Récipon — retour de Nice, — s'occupa immédiatement de se composer un train de maison, en rapport avec sa nouvelle fortune. Il quitta son modeste logis de l'avenue de Launay, acquit dans la rue de Bréa un hôtel, sur lequel il fit buriner ses initiales à défaut d'armoiries — chacun fait ce qu'il peut, — la meubla avec une certaine magnificence, sinon avec goût — car le goût ne se donne pas et, pas plus que le mérite, ne s'acquiert avec la fortune; — acheta de luxueux équipages, se donna un intendant superbe — un Conseiller d'arrondissement, — pour gérer ses affaires domestiques et entretenir sa correspondance (excellente précaution!), et, finalement, donna quelques dîners aux nouveaux adorateurs de sa fortune, plutôt que de sa personne.

Même dans la plus vertueuse des démocraties, *Charité bien ordonnée commence par soi-même*. De ce côté, M. Récipon avait fait convenablement les choses. Du soir au matin, il s'était travesti, sinon en grand seigneur — n'est pas grand seigneur qui veut! — du moins en opulent bourgeois.

Ainsi que je l'ai dit plus haut, du côté des vieux frères, il fit moins bien les choses. Il se comporta comme un petit épicier avare.

Restait à savoir ce qu'il allait faire pour le peuple, pour le bon peuple, qui l'avait comblé d'honneurs, qui avait su deviner son mérite à travers sa grossière enveloppe de petit tanneur, qui l'avait bombardé successivement Conseiller municipal, Conseiller d'arrondissement, Président de la Bibliothèque populaire, Président du Club du 6me canton, siégeant Avenue Allard, salle Bégué, etc., etc ; ce bon peuple auquel il avait fait de si magnifiques promesses... alors qu'il n'avait rien à lui donner. Maintenant, le moment est venu de réaliser les vieilles promesses, de donner à cet excellent peuple, dès preuves de sa touchante sollicitude.

On attendit. On peut dire que, pendant quelques jours, quelques mois, toute la ville fut suspendue aux lèvres de M. Récipon. On parlait vaguement d'un monument de bienfaisance, dont il devait gratifier Nantes, Le nouveau millionnaire était indécis entre la création d'un hôpital et l'établissement d'une école communale gigantesque. Finalement, il changea d'avis et se décida pour une *échelle de sauvetage,* destinée à préserver *tous* les édifices de la cité en cas d'incendie. Avant de songer à créer de nouveaux édifices, n'est-il pas plus opportun de préserver les anciens? Ainsi pensa M. Récipon. On n'est pas plus grand seigneur !

D'ailleurs, M. Récipon n'avait pas dit son dernier mot. Deux mois avant les élections, qui devaient doter la France de cette Chambre si bien élevée, à laquelle le Sénat s'est vu contraint de donner du balai, les entrailles du millionnaire s'émurent ! On était en plein décembre. La neige couvrait les rues. Les petits enfants des écoles *laïques* grelottaient. Heureusement que M. Récipon était là ! Une distribution de paires de sabots et de gilets de laine fut confiée aux soins obligeants de M. l'Intendant, avec défense expresse de jamais révéler le nom du généreux bienfaiteur. Aussi, la ville de Nantes n'en a-t-elle jamais rien su !

Il a été dit que les autres prétendants de la cité à la faveur populaire s'étaient émus de cet acte de générosité, qu'ils supposaient inspiré par de vils motifs d'intérêt personnel. Ils allèrent même jusqu'à accuser M. Récipon *de leur couper l'herbe sous les pieds*. La jalousie se fourre partout, et cherche à dénaturer les intentions les plus pures !

Mais M. Récipon ne s'est pas contenté de soulager la misère. Malgré l'ingratitude qui commençait à s'attacher à ses pas, il n'est resté indifférent à aucune œuvre utile ; il a tenu à encourager toutes les branches de l'industrie. Aujourd'hui, il accordait un prix de 50 fr. pour les régates ; le lendemain, une œuvre d'art pour les courses.

En résumé, dans l'espace d'un an, — 1875 — M. Récipon donna à la ville de Nantes une échelle de sauvetage, des sabots et des gilets de laine pour les enfants pauvres des écoles laïques, et deux ou trois prix pour courses et régates.

M. Récipon tendait visiblement à devenir la seconde Providence du pays.

CHAPITRE XIII

UNE VILLE INGRATE.

Les élections de Février approchaient. De tous côtés les pêcheurs du parti radical plongeaient et replongeaient dans l'Océan démocratique, pour y découvrir ces perles, qui devaient jeter tant d'éclat sur la France, de Février 1876 à Mai 1877. Nantes avait depuis longtemps les siennes, qui étincelaient de mille feux, et n'avait que l'embarras du choix.

Trois perles furent mises au concours à l'exposition démocratique : la perle Laisant, la perle Mangin, la perle Récipon.

C'étaient trois perles d'une grande valeur, quoique possédant des qualités diverses.

La Commission nommée *ad hoc* donna la préférence à la perle Laisant ; la perle Récipon ne fut classée que troisième. C'était à n'y rien comprendre ; mais, sur les goûts et les couleurs, il n'y a pas à discuter.

Etait-ce vengeance des vieux frères, si lestement éconduits naguère, lorsqu'ils avançaient la main pour prendre leur part de gâteau ? — C'est possible, car on ne pardonne guère dans le parti démocratique, où l'on tient d'ailleurs en médiocre estime, les millionnaires qui ne partagent pas.

Voilà donc M. Récipon relégué dans un coin, avec ses millions, comme un vieux bahut abandonné. La situation était intolérable. Il fallait promptement aviser.

Triste retour des choses d'ici-bas, qu'explique seul le caprice des foules.

Hier, M. Récipon n'était qu'un petit dinustriel, on le couvrait d'honneurs, au risque de l'étouffer.

Aujourd'hui il roule sur l'or, et l'on se demande à quoi il pourrait bien être bon ?

Sa fortune politique baisse, à mesure que monte sa fortune mobilière et immobilière.

C'est à rétablir l'équilibre détruit, que M. Récipon va désormais consacrer ses soins.

Ici finit le vieux Récipon, le Récipon démocrate. Nous allons voir maintenant à l'œuvre le nouveau Récipon, s'essayant dans le rôle de conservateur. J'aimais mieux l'ancien ; il avait plus de naturel !

Le nouveau fait l'effet d'un villageois des environs de Quimper-Corentin, dépouillant ses habits rustiques, pour revêtir ceux d'un gros bourgeois. On s'y habitue à la longue, mais dans les premiers temps cela prête à rire.

FIN DU VIEUX RÉCIPON

LIVRE II

APRÈS.

Le nouveau Récipon.—Récipon millionnaire, conservateur.

CHAPITRE I

IL S'EN VA AUX CHAMPS

Du moment qu'il était bien et dûment constaté, que la démocratie nantaise ne voulait plus de M. Récipon, celui-ci n'avait plus d'autre parti à prendre, que de se rabattre sur les champs. Après tout, une candidature de village vaut bien une candidature urbaine.

Au moins là, une poignée de clubistes ne s'arrogent pas le droit, de disposer en maîtres des candidatures, et chacun peut y poser la sienne à ses risques et périls.

M. Récipon quitta donc la ville, théâtre de ses anciens exploits, non sans lancer tous ses anathèmes contre cette cité ingrate, qui n'avait pas su apprécier ses bienfaits.

CHAPITRE II

SON ARRIVÉE AUX CHAMPS. — M. RÉCIPON SE FAIT CONSERVATEUR.

En homme avisé, M. Récipon avait prévu le refus des directeurs du suffrage universel. Aussi, en cas de malheur, avait-il ménagé à sa candidature une retraite sûre, par l'acquisition de la forêt de Teillaye.

L'embarras était d'être obligé de faire peau neuve, car le radicalisme, qui coule à pleins bords dans les ruisseaux des villes, ne fait encore que commencer à fertiliser nos campagnes.

Il y avait une autre difficulté : celle d'être contraint de recommencer sur une plus grande échelle ses largesses électorales, mais cette difficulté n'était pas sérieuse pour M. Récipon qui, de son naturel, est grand et généreux et sait, à l'occasion, ne pas reculer devant la dépense.

La grande et, pour ainsi dire, l'unique difficulté était donc de changer de peau. Se mettre dans la peau d'un conservateur à 38 ans, quand on a été jusque-là radical forcené ; prendre un air benoît et dévot, lorsqu'on est un des plus fervents adeptes de la libre-pensée, est un de ces tours de force que les plus habiles clowns de notre époque peuvent à peine exécuter.

Par bonheur, M. Récipon avait vécu plusieurs années dans l'industrie des cuirs; aussi ne désespéra-t-il nullement de mener à bien cette nouvelle métamorphose. En conséquence, il mit sur son visage tous les masques possibles, s'affubla de tous les travestissements nécessaires, pour faire oublier le vieil homme. Le démocrate cacha sa queue, sans la couper — on peut en avoir besoin ! — le libre-penseur rentra ses cornes, assista à la distribution des prix des Frères de Châteaubriant, fit des risettes aux bonnes sœurs, courtisa les curés, fit des présents à leurs églises, après quoi, il devenait impossible à l'œil le plus exercé, de voir dans M. Récipon autre chose qu'un bon bourgeois, ne demandant qu'à déverser des torrents de bienfaits sur l'obscur arrondissement de Châteaubriant.

CHAPITRE III

M. RÉCIPON, SON COMPÈRE ET SES AGENTS EN TOURNÉE ÉLECTORALE.

Il est bon qu'un candidat ne se prodigue pas trop. C'est pourquoi M. Récipon chargea du soin des petits détails son fidèle Achate, autre démocrate, qui eut soin de cacher sa queue, de rentrer ses cornes — autant que faire se peut, — pour les besoins de la circonstance.

Au chapitre des largesses électorales, il fut ouvert un crédit illimité, et pleins pouvoirs furent donnés au négociateur des suffrages. L'affaire ne pouvait être en meilleures mains, car, sans offenser M. Récipon, il est permis de dire que M. l'Intendant avait plus de cachet, plus de vernis que le patron. Comme il n'est pas écrit sur le front, qu'on est possesseur de millions, plus d'une fois le paysan a dû prendre le valet pour le maître.

Le terrain convenablement préparé, la pâte électorale suffisamment pétrie, M. Récipon entreprit, de compagnie avec son copain, le cours de ses visites électorales. En homme qui sait faire les choses, il commença par le magistrat placé au sommet de l'échelle administrative. Il s'agissait de sonder M. le Préfet sur ses dispositions à l'endroit du candidat. C'était la naïveté, la simplicité aux prises avec la finesse, l'habileté diplomatiques. Le secrétaire des commandements de M. Récipon était présent à l'entretien. Du premier coup, le candidat rustique mit les pieds dans le plat, malgré les gestes désespérés du maître, qui s'efforçait de persuader à l'élève-candidat, qu'il s'engageait sur un terrain brûlant. L'entretien fut court et en somme peu satisfaisant. Même succès chez M. le sous-préfet.

Ensuite, pendant un mois, M. Récipon et son sosie coururent les grands chemins, cheminèrent par monts et par vaux, pour essayer d'amadouer tous les maires, tous les bons curés, tous les bons frères, toutes les bonnes sœurs, les instituteurs, les propriétaires, les cultivateurs de l'arrondissement de Châteaubriant.

Franchement, M. Récipon avait trop compté sur la naïveté humaine, qui est sans doute bien grande, mais cependant a des bornes.

L'arrondissement de Châteaubriant n'est pas une seconde Béotie. Là, comme partout ailleurs, le paysan est madré. Il promet tout ce que l'on veut, sauf à n'en faire qu'à sa tête. Il boit bien le vin du candidat, puisqu'il est tiré en son honneur, mange son *fricot,* mais après la poire et le fromage, il s'en va crânement déposer dans l'urne un bulletin de vote contre le candidat-payeur. Ce n'est pas très-moral, mais à qui la faute ?

Après un mois d'une campagne laborieuse, accidentée, le désastre de M. Récipon fut complet.

Deux vestes coup sur coup, échec lamentable sur toute la ligne, de Casson à Rougé ; de Saint-Mars à Derval, avec accompagnement de chanson en 36 couplets : *Air du roi Dagobert,* auteur inconnu, — récompense honnête à qui pourra le découvrir !

Je tiens à rendre à l'infortuné candidat la justice qui lui est due. Il avait fait tous les sacrifices nécessaires, pris tous les moyens, commandés par la science et l'expérience, pour obtenir un éclatant succès. Consciencieusement, il n'avait rien à se reprocher. Que voulez-vous qu'il fît de plus ?

Il avait immolé sur l'autel de sa candidature, toutes ses vieilles convictions démocratiques et sociales.

Son brosseur avait sué à le polir et le repolir, pour en faire un candidat présentable.

Ses agents avaient gagné des courbatures à le débarrasser de son cruel passé, de ses loques et défroques radicales.

Le *Journal de Châteaubriant* avait dépensé des montagnes de papier, fait couler des flots d'encre pour redire aux échos de Châteaubriant et d'alentour, la grandeur de son candidat, et célébrer, dans le style qu'on lui connaît, ses mérites et ses vertus.

En un mot, tout le monde avait fait son devoir et même au-delà. Peine perdue : M. Récipon est resté M. Récipon tout court, avec quelques ridicules de plus à porter à son actif.

Résultat peu encourageant ! Ce n'était pas la peine, ce n'était pas la peine assurément, de changer d'arrondissement, la plante du ridicule croissant aussi abondamment sur les deux rives de la Loire que dans la forêt de Teillaye.

CHAPITRE IV

LA PROFESSION DE FOI DE M. RÉCIPON

Ce serait une cruauté inutile que de venir rappeler à M. Récipon sa profession de foi, qu'il ne demanderait pas mieux que d'oublier, avec ses infortunes électorales, si quelques passages obscurs ne demandaient une courte explication.

Ce monument élevé à la littérature française dit peu de chose, mais, raisonnablement, pourrait-on exiger plus, d'un homme qui n'en pense davantage.

M. Récipon entre ainsi en matière :

« *Candidat dans votre arrondissement où je suis*
» *nouveau venu, j'ai le devoir de vous dire avec*
» *franchise et loyauté (??) ce que je suis, ce que*
» *je veux.* »

— Ce qu'il est, ou du moins ce qu'il a été, hélas! hélas!! on ne le sait que trop. Lors même que M. Récipon se tairait, son passé crierait pour lui.

Ce qu'il veut? — M. Récipon n'en sait trop rien lui-même, sinon qu'il voudrait bien être député.

*
* *

Cédons encore la parole à l'orateur :

« *On vous dira que je suis un radical, un*
» *ennemi de la religion, de la famille, de la pro-*
» *priété, etc.* »

—Eh bien! quand on dirait cela, que M. Récipon est un radical, un ennemi de la religion, on aurait quelque raison.

Dans le passé, la preuve est surabondamment faite.

Quant au présent, un vieux proverbe dit :

Or, quelles sont les personnes qui composent l'entourage intime de M. Récipon : c'est, d'une part, M. Cleiftie, son secrétaire et son intendant, bien connu à Nantes pour son radicalisme. Au besoin, les échos du Cercle Franklin, où il a si souvent péroré, pourraient en témoigner ; c'est, de l'autre, M. Mangin, ex-rédacteur en chef du *Phare de la Loire,* dont les preuves de radicalisme ne sont plus à faire.

Effet prodigieux de l'attraction exercée par les millions : MM. Mangin et Récipon sont devenus inséparables. Tour-à-tour Paris, Nice, Londres ont vu passer ces frères siamois, jadis ennemis. Cette fréquentation ne veut pas dire que M. Récipon ait abjuré complètement ses erreurs de jeunesse.

M. Récipon voudrait faire croire que « *les attaques injustes et passionnées dirigées contre lui provoquent son dédain.* »

D'abord, il est difficile de diriger contre M. Récipon des attaques injustes, car il offre assez large prise à la critique, pour qu'on n'ait pas besoin de se mettre en frais d'imagination.

Ensuite, il n'est pas exact de dire que les critiques sévères, mais justes, dont M. Récipon est l'objet, provoquent son dédain, car je sais pertinemment le contraire. Aussi, n'est-ce pas sans motif que, dans mes *Silhouettes municipales*, je le dépeignais comme très-sensible à la critique !

*
* *

M. Récipon affirme que « *si l'ordre était menacé,* » *on le verrait au premier rang pour le défendre.* »

— C'est beau, c'est très-beau ! M. Récipon, défenseur de l'ordre, serait une nouvelle métamorphose. Je ne lui connaissais pas ces airs belliqueux, car plus d'une fois l'ordre a été menacé, de septembre 1870 à octobre 1871, par les frères et amis de M. Récipon, sans qu'on ait vu celui-ci l'arme au bras.

*
* *

M. Récipon se dit *Conservateur autant que qui que ce soit.*

— Conservateur de sa fortune, je n'en ai jamais douté. Conservateur des grands principes, sur lesquels repose toute société, je le nie. Lorsqu'on est conservateur, on ne fait pas toute sa vie sa société intime des plus dangereux ennemis de l'ordre social, de ces hommes qui formaient des vœux secrets pour le triomphe de la Commune, parce qu'ils n'avaient pas le courage de se déclarer ouvertement pour elle.

*
* *

Un passage de la profession de foi de M. Récipon m'a rendu rêveur. Le voici :

« *Mon habitude des affaires et du travail, les*
» *études spéciales auxquelles je me suis livré, m'on*
» *préparé aux graves discussions de la Chambre.* »

— J'avoue qu'en lisant ce passage, j'en suis resté
tout ébaubi !

Ses habitudes des affaires et du travail ! C'est ce
qui s'appelle avoir de l'aplomb et payer d'audace
pour le bon public de l'arrondissement de Châteaubriant « *où il est nouveau-venu.* »

Quelles affaires ? Quel travail ? — Est-ce ce
petit commerce de beurre et d'œufs, qui lui a si
peu rapporté, qu'il s'est empressé de recourir à un
nouveau moyen de fortune ?

M. Récipon veut-il parler de ses affaires de
tanneur ? Mais, au vu et au su de tout Nantes, c'est
tout au plus, si elles lui rapportaient bon an mal
an de quoi faire bouillir son pot. A entendre parler
M. Récipon, on dirait vraiment qu'il est lui-même
l'artisan de cette grande fortune, dont un heureux
hasard l'a rendu possesseur. Pour moi qui observe
avec intérêt M. Récipon depuis bientôt huit ans,
je n'ai jamais vu en lui qu'un *politiqueur* de
dernière catégorie.

Quant aux *études spéciales* de M. Récipon et au
titre *d'ingénieur civil* dont il se paraît à l'époque
de son mariage, j'ai dit plus haut ce que j'en pen-
sais et n'ai pas besoin d'y revenir ici. Si ce n'était
indiscrétion, j'aimerais assez à voir le diplôme,
attestant les études spéciales de M. Récipon.

Etant données ces études spéciales, nul doute que

M. Récipon ne fasse bonne figure à la tribune de Versailles. Volontiers, je me paierais un voyage au palais de Louis XIV, un jour qu'il aurait la parole.

Au Conseil municipal de Nantes et au Conseil d'arrondissement, il est resté muet. Du moins les procès-verbaux, que j'ai consultés, ne mentionnent pas ses discours. Il est probable que pressentant l'avenir et les grandes destinées qui lui étaient réservées, il se recueillait *pour se préparer aux graves discussions de la Chambre.*

J'ai fini avec la profession de foi de M. Récipon. Je ne m'amuserai à relever ce tas de banalités et de lieux communs qu'elle contient et sur lesquels M. Récipon serait fort embarrassé de donner des explications catégoriques, si on le mettait en demeure de les fournir.

CHAPITRE V

UN DÉPART PRÉCIPITÉ. — M. RÉCIPON SE DÉMET DE SON TITRE DE CONSEILLER MUNICIPAL DE NANTES.

Ici finit l'histoire des mésaventures électorales de M. Récipon en février 1876. Deux mots sur l'emploi du temps du candidat blackboulé, de février 1876 à septembre 1877.

Partout où M. Récipon porte ses pas, en historiographe consciencieux, je le suis de loin, prenant des notes sur tout ce qui peut le concerner; c'est pourquoi j'en puis parler avec quelque connaissance de cause. D'ailleurs, quand j'ai perdu sa trace, je n'ai qu'à ouvrir le *Journal de Châteaubriant*, chargé d'enregistrer les moindres gestes de son patron, ainsi que les bienfaits dont il inonde l'arrondissement de Châteaubriant.

Après sa double déconfiture en février 1876, la position de M. Récipon n'était plus tenable à Nantes ni à Châteaubriant. La vue de ces affiches multicolores, dont les murs de l'arrondissement de Châteaubriant étaient tapissés, de Rougé à Saint-Mars-du-Désert, et de Casson à Derval, tout en attestant l'ardeur de la lutte, renouvelait en même temps l'humiliation de sa défaite. Que d'efforts gigantesques dépensés en pure perte. Jamais l'humanité ne s'était montrée plus ingrate.

Aussi, est-ce le cœur rempli d'amertume et de colère, que M. Récipon fila vers Paris, refuge des grandes douleurs et des âmes blessées dans les combats de la vie. Les nombreuses distractions de la capitale et les voyages étaient seuls capables d'apaiser, à la longue, le cuisant chagrin qui le minait.

Pour cette fois, M. Récipon consentit à pardonner à Châteaubriant. Quant à Nantes, cette ville méritait un châtiment exemplaire pour lui avoir préféré le citoyen Laisant. Le châtiment suivit de près la faute. Tout d'abord, M. Récipon donna sa démission de conseiller municipal ; puis, pour mieux signifier aux Nantais qu'il ne voulait plus avoir rien de commun avec eux, il fit enlever le mobilier de son hôtel de la rue de Bréa.

Nantes fut frappé de stupeur à cette double nouvelle. Privée des lumières de M. Récipon, qu'allait-elle devenir ? Nos édiles prirent le deuil et décidèrent à l'unanimité que le fauteuil de M. Récipon resterait vide et que la place occupée par ce grand citoyen serait recouverte d'un long crêpe funèbre.

Même désolation au Conseil d'arrondissement, où M. Récipon n'a plus siégé, à partir du jour où il a secoué contre notre ingrate ville la poussière de ses souliers. C'est là surtout, que l'on se plaisait à entendre sa voix éloquente.

Paris seul était digne de posséder le nouveau Crésus, parce que Paris était seul capable de l'apprécier.

C'est là que tous les hommes d'Etat incompris de la province, les Cantagrel, les Barodet, les Clémenceau, les Bonnet-Duverdier, etc., se donnent rendez-vous. Près de cette capitale de la civilisation, les plus grandes villes de province ne sont que de misérables bourgades, d'affreux villages, où l'on ne vit que de commérages et de cancans.

Résolu de fixer à Paris son domicile définitif, M. Récipon loua, avenue Friedland, l'hôtel de M. Arsène Houssaye.

Le *Gaulois* auquel j'ai emprunté cette nouvelle, dans le temps, ajoutait :

« Dans quelques jours, M. Récipon doit y pendre,
» dit-on, une crémaillère monstre où sera conviée,
» sans doute, toute la fine fleur du parti radical. »

Si ces lignes sont tombées sous les yeux de
M. Récipon, il n'a pas dû être médiocrement
satisfait, de voir la presse parisienne s'occuper
de lui. A peine avait-il mis le pied dans la capitale,
qu'il y faisait sensation ! Ce n'est pas comme ces
sauvages de l'arrondissement de Châteaubriant,
qui ne prenaient même pas garde à lui, lorsqu'il
leur faisait l'honneur de parcourir leurs grands
chemins, une sacoche à la main.

CHAPITRE VI

UNE NOUVELLE ACQUISITION DE M. RÉCIPON. — UN
JOURNAL INDISCRET.

A la date du 24 septembre 1876, l'*Officiel* de
M. Récipon publiait la note laudative suivante :

« Nous apprenons que M. Récipon vient d'ache-
» ter, moyennant 613.000 francs, la belle propriété
» de la Roche-Giffard, limitrophe de la forêt de
» Teillaye et comprenant un superbe château de
» construction récente, avec 312 hectares de terre
» en un seul ensemble. »

— Tout autre journal s'en fut tenu là ; mais le
Journal de Châteaubriant, qui ne brille pas par
la discrétion, ne manque aucune occasion de faire

mousser l'intéressant millionnaire, dont il est devenu le serviteur.

Il s'empresse donc d'ajouter :

« M. Récipon se trouve ainsi posséder la plus
» splendide et la plus vaste propriété de tout
» l'Ouest, en un seul tenant et d'une valeur de
» six millions, ce qui forme à peu près le quart de
» son immense fortune. »

— C'est à en faire venir l'eau à la bouche ! Mais, encore une fois, qu'est-ce que cela peut faire au bon public, de savoir que M Récipon est riche comme Crésus, du moment qu'il garde tout pour lui, et ne veut pas entendre parler de partage. Le *Journal de Châteaubriant* fait l'effet de ce mauvais riche, qui s'amuserait à mettre des perdreaux rôtis sous le nez d'un pauvre diable, qui endurerait les tortures de la faim.

Le *Journal de Châteaubriant* donne, en passant, un petit avis, dont je prends ma petite part. J'écoute :

« Avis à ses ennemis politiques qui étaient assez
» audacieux, en des temps encore peu reculés,
» pour le traiter, en se mentant à eux-mêmes, de
» radical et de partageux. »

— Il faut être, en effet, bien audacieux, il faut forcément se mentir à soi-même, pour traiter M. Récipon de partageux.

Partageux, il ne l'a jamais été autrefois, attendu qu'il n'avait rien à donner ; il ne l'est pas davantage aujourd'hui, par la raison qu'il aurait trop à donner ! Les frères et amis, qui ont cru naïvement entrer en partage de l'héritage d'Angleterre, se *sont mis le doigt dans l'œil* — pour parler leur langage.

Il faut un peu moins d'audace ; il n'est pas nécessaire de se mentir à soi-même pour affirmer que M. Récipon a été et est encore quelque peu radical.

Si le *Journal de Châteaubriant*, pour qui M. Récipon n'est qu'une connaissance de fraîche date, voulait se donner la peine de remonter à des *temps plus reculés* que la période électorale de février 1876, par exemple aux années 1869, 70, 71, 72, 73, 74, il prendrait une attitude plus modeste, des airs moins triomphants. S'il daignait étudier un peu l'histoire de la dernière année de l'empire et des quatre premières années de la République III, peut-être qu'à la vue des nombreuses fautes et folies de jeunesse commises par M. Récipon, il jugerait à propos d'être moins bruyant et

> D'imiter de Conrart
> Le prudent silence.

C'est tout ce qu'il pourrait faire de mieux, et c'est le conseil que je lui donne, en bon confrère.

Car, si le proverbe : *La parole est d'argent, le silence est d'or* n'existait pas, il faudrait l'inventer pour M. Récipon.

* *

A peu près à la même date — septembre 1876 —

le *Journal de Châteaubriant* servait à ses lecteurs
le petit entremets suivant :

« Nous apprenons avec plaisir que M. Récipon
» fait remplir, en ce moment, les formalités préa-
» lables au versement des fonds nécessaires à la
» fondation d'un lit à l'hospice de Châteaubriant,
» pour la commune de Soudan. »

— Toujours indiscret, le *Journal de Châteaubriant*. Il est bavard comme une pie. Je vous demande un peu, s'il avait besoin de faire savoir à
tous et à chacun que M. Récipon donnait un lit à
l'hospice de Châteaubriant, pour la commune de
Soudan.

Pourquoi, lorsque M. Récipon aime à faire le
bien devant Dieu seul, dans l'ombre et le mystère, le
Journal de Châteaubriant cherche-t-il à ui ravir
le mérite de ses générosités.

En vérité, il y a des gens bien compromettants,
et on devrait les payer pour se taire. On y gagnerait
encore !

CHAPITRE VII

LE CHAPITRE DES ANECDOTES

Le Chapitre des anecdotes concernant M. Récipon, ainsi que sa générosité, est inépuisable. C'est
pour l'arrondissement de Châteaubriant, une vraie
vache à lait, qui ne demande qu'à se laisser traire.

Pendant que le pot bout, que la marmite électorale fume, emparons-nous de quelques faits, au hasard de la fourchette. Ce sera notre part de festin.

Si je fais erreur quelque part, *le Journal de Châteaubriant* aura l'obligeance de me rectifier. Je n'invente rien : avant tout, je tiens à être véridique. Seulement, je puis être induit en erreur par quelque rapport faux ou exagéré. Dans ce cas, je ne demande pas mieux que de rétablir la vérité des faits.

* *

Un jour, le soleil était brûlant, la température accablante ; un air de feu se dégageait à la fois du sol et des espaces célestes. Deux gendarmes, plongés depuis longtemps dans cette atmosphère embrasée, cheminaient lentement côte à côte, sur une des nombreuses routes qui sillonnent l'arrondissement de Châteaubriant. Leurs montures étaient fatiguées ; leurs estomacs criaient la faim, leurs gosiers la soif ; tous deux demandaient à être apaisés.

Une auberge se trouvait sur leur route. C'était tentant ! Les deux gardiens de la sécurité publique se regardèrent en même temps, de ce long regard muet qui est si éloquent. Pour être gendarme, on n'en est pas moins homme, assujetti à ces mille besoins qui tourmentent la pauvre humanité ! Brigadier propose à Pandore de s'humecter le gosier.

> Brigadier,
> Répondit Pandore,
> Brigadier,
> Vous avez raison.

Et Brigadier entra, suivi de son fidèle Pandore. Tous deux arrosèrent d'un bon coup de Bouguenais leur frugal repas. Il est probable qu'au dessert un vin plus généreux répara les désordres produits dans les intestins par le trop célèbre crû.

Le quart d'heure de Rabelais était arrivé, quart d'heure toujours désagréable, quand on ne s'appelle pas Crésus.

A leur grand étonnement, l'hôtelier ne voulut pas accepter la moindre pièce de monnaie. C'était renversant, de la part d'un aubergiste, dont l'espèce ne passe pas, en général, pour type de générosité.

Brigadier n'en pouvait croire ses oreilles.

Pandore ouvrait de grands yeux étonnés. Etait-ce une mystification ?

C'était au moins le renversement de l'enseigne :

> Aujourd'hui pour de l'argent,
> Demain pour rien.

L'aubergiste vit l'embarras des deux défenseurs de l'ordre, et leur dit mystérieusement :

« Un génie bienfaisant, dont la sollicitude s'étend » à tout et à tous, préside à la contrée ? »

— Et le nom de ce bienfaiteur ? demandèrent à la fois Pandore et Brigadier.

— Récipon ! leur glissa dans l'oreille l'aimable hôtelier. — Et les gendarmes partirent au galop de leurs montures !

*****

M. Récipon, qui semble s'être livré à des études spéciales sur l'espèce humaine, en est arrivé à cette conclusion pratique, peu flatteuse pour notre race : « Les hommes, qui ne peuvent être pris par le cœur, se laissent facilement prendre par le ventre. »

De là, les gueuletons — pardon de l'expression peu parlementaire, mais toute de circonstance — donnés aux frais du candidat à l'hôtel Dion, à Nort, sans préjudice des parties de fourchette organisées sur d'autres points de l'arrondissement.

À propos de coups de fourchette, qu'on nous permette de citer une plaisante anecdote qui nous a été racontée. Si elle n'est pas vraie, elle est vraisemblable.

La scène se passe à Châteaubriant, dans un hôtel où M. Récipon avait convoqué tous les pompiers de la ville et des faubourgs.

Il est à peine besoin de dire que chaque pompier faisait honneur à la table et s'acquittait consciencieusement de son rôle. Toutes les mâchoires et les fourchettes s'agitaient fiévreusement. Tout-à-coup, au beau milieu de la fête, lorsque les estomacs étaient en pleine activité, un cri sinistre retentit : *Au feu ! au feu !!*

On voit d'ici l'air ahuri de ces braves gens, forcés de quitter la table avec un morceau dans le gosier. Mais le devoir avant tout ! Aussi, après avoir jeté sur la table couverte de friandises, de longs regards chargés d'amour et de regrets, suivis de

soupirs plus longs encore, ces bons pompiers coururent à leurs pompes.

Un mauvais farceur avait imaginé ce vilain tour,
de mettre le feu à un tas de paille, uniquement
pour se payer le coup d'œil curieux, que devaient
nécessairement offrir d'excellents pompiers, troublés
au beau milieu de leurs fonctions nutritives et
digestives.

Faire courir au feu et à l'eau, avec un morceau
dans la bouche et un léger plumet en tête, c'était
exposer de gaieté de cœur d'honnêtes pères de
famille à une attaque d'apoplexie foudroyante.

Plus on réfléchit à cette grossière farce, plus on
la trouve atroce! Aussi, je ne cite le fait que pour
mémoire, et nullement dans le but de justifier le
drôle, qui avait prémédité ce jeu cruel.

La chronique ne dit pas si, le feu de paille
éteint, les pompiers revinrent prendre place au
festin, si inopportunément interrompu.

CHAPITRE VIII

LES NOUVELLES LARGESSES DE M. RÉCIPON

N'ayant exploré qu'un tout petit coin de la cir-
conscription électorale, dont Châteaubriant est le
chef-lieu, je n'ai pas la prétention de tout savoir,
encore moins de tout dire. Un gros volume n'y

suffirait pas, à plus forte raison une mince brochure.

Ab uno disce omnes. Je dis ce que je sais, laissant à la sagacité du lecteur le soin de deviner le reste. Déjà, il n'y a plus ni va-nu-pieds, ni va-nu-tête, ni va-sans-chemise dans la principauté de M. Récipon. La poule au pot et les alouettes rôties sont ajournées après les élections.

Entrons dans le détail.

Commune de CASSON. — Distribution de 40 paires de sabots aux enfants de l'école communale des garçons. Pareil nombre de paires de sabots était mis à la disposition des petites filles, mais Madame la Supérieure des sœurs, qui dirigent l'école, a refusé de l'accepter, donnant pour raison qu'elle croirait offenser Madame la Comtesse de B..., laquelle depuis longues années, habille les enfants pauvres de la commune.

Commune de NORT. — Distribution générale et solennelle de chapeaux à ceux qui en manquaient.

Même commune. — Billet de 100 francs offert à Madame la Supérieure dans une visite à l'hospice, et comme celle-ci refusait de l'accepter, sous prétexte que cela regardait l'Administration de l'hospice, le susdit billet fut laissé sur la table.

C'est *l'aumône obligatoire.*

Commune de HÉRIC. — Distribution de toile, pour chemises.

Je n'ai pu savoir à quelles communes étaient échus en partage les souliers, les petits gilets, les cravates, les pantalons, mais il est à présumer que ces parties de l'habillement ont fait l'objet de distributions analogues.

Il n'est pas question de vestes, M. Récipon les réservant toutes pour lui !

Un calculateur a trouvé, que si une dizaine de communes réunissaient leurs cadeaux, on pourrait fonder à Châteaubriant une succursale de la *Belle Jardinière*. Il n'y manquerait que les vestes, dont le dépôt est à Paris, avenue Friedland.

Le bruit de toutes ces largesses étant venu à l'oreille de l'autorité préfectorale, celle-ci s'est émue et a fait défense aux instituteurs et aux institutrices de rien accepter désormais. On a craint, avec quelque raison, que M. Récipon ne se ruinât, sans profit pour sa candidature, et qu'il ne lui restât plus pour toute fortune, que son dépôt de vestes.

Dans sa sollicitude pour M. Récipon, l'autorité a dû le prémunir contre lui-même et l'interdire, comme un fils de famille prodigue, qui jette sa fortune à tous les vents.

Sage précaution !

CHAPITRE IX

LES TRIBULATIONS DE M. RÉCIPON

Le monde est plein d'envieux, de jaloux, d'ingrats, d'esprits grincheux. Semez des bienfaits le

long du chemin, vous ne récolterez le plus souvent
que l'ingratitude.

Il en coûte véritablement pour faire le bien, et
qui n'a pas l'âme solidement trempée, qui n'est pas
doué d'une forte dose de philosophie, est tenté de
laisser les malheureux aux prises avec leur misère,
révolté qu'il est, par la preuve acquise chaque jour,
de leur manque de cœur.

C'est triste, profondément triste, mais l'humanité
est pétrie d'ingratitude. Il faut savoir s'y résigner,
en prendre son parti comme M. Récipon, qui, lui
aussi, a vu plus d'une fois ses généreuses intentions
méconnues, ses bienfaits repoussés et méprisés,
sans pour cela jeter le manche après la cognée et
renoncer à faire le bien.

C'est là un grand exemple, digne d'être mis sous
les yeux de toutes les personnes que le ciel a com-
blées de ses dons.

A tous les rebuts, à tous les affronts, il a constamment opposé la plus admirable sérénité de
cœur et de visage. C'est de haut et d'un œil pla-
cide, qu'il se plaît à contempler les misères hu-
maines ; jamais une parole de plainte ni d'amertume
ne tombe de ses lèvres.

Et pourtant, que d'avanies il a eu à essuyer !
Témoin les suivants :

*
* *

Nous sommes à Héric, une des grandes communes de l'arrondissement de Châteaubriant.
M. Récipon, voulant faire une politesse au Conseil

municipal de l'endroit, commande en son honneur un somptueux festin au *Lion d'Or*, la bonne auberge du pays.

A l'heure dite, le repas était servi. Les plats fumaient, le vin était tiré ; des mets alléchants couvraient la table ; les serviteurs allaient et venaient, les mains pleines de fioles remplies d'un vin généreux.

Le quart d'heure de grâce était écoulé depuis longtemps. Personne ! On attendit encore. Toujours personne ! Les serviteurs armaient leurs yeux de lunettes, pour voir s'ils n'apercevraient, dans un lointain horizon, le nez de quelque Conseiller municipal, et c'est d'un air piteux, d'un œil désolé qu'ils venaient dans la salle du festin, dire au patron, qui se morfondait dans un coin : Personne, encore personne !... La situation tournait au ridicule. Ces plats, ce vin... qu'allait-on en faire ? La question fut mise à l'étude et promptement résolue. Il fut décidé qu'on irait raccoler quelques estomacs de bonne volonté, quelques ventres complaisants.

Deux ou trois maçons ou couvreurs consentirent à prêter, pour la circonstance, leurs appareils digestifs. Jamais ils ne s'étaient trouvés à pareille fête, et quand la dernière friandise eut disparu dans les profondeurs de l'estomac, quand la dernière goutte de vin fut ingurgitée dans les gosiers, ils s'en allèrent en bénissant... le Conseil municipal de leur avoir procuré un si bon dîner.

****

Passons à Rougé. M. Récipon s'enquiert des besoins de la commune. Il paraît que. l'enquête lui apprit que tous les malheureux étaient chaussés, coiffés, avaient chemise sur le dos, car elle ne fut suivie d'aucune distribution de sabots, chapeaux, chemises.

On se décida pour le blé, qui est utile à tous, car on a beau être bien chaussé, bien coiffé, posséder une excellente chemise, cela n'empêche pas d'avoir faim !...

M. Récipon, en bon père de famille, songe à tout. Il pratique toutes les œuvres de miséricordes corporelles, qui assurent l'entrée du royaume des Cieux :

Donner à manger à ceux qui ont faim.

A boire à ceux qui ont soif.

Vêtir les nus.

Secourir les malades et les étrangers, etc., etc.

Le reste comme dans le catéchisme.

Je reviens au blé. Le blé acheté, il fallait un distributeur. A qui s'adresser?

Qui, mieux que le prêtre, est à même de connaître la misère dans toute son horreur? Bien que la Révolution l'ait dépouillé de ses biens, qui étaient l'apanage du pauvre, et qu'on ne lui ait donné en échange qu'un traitement dérisoire, c'est encore à la porte du prêtre, que le malheureux va frapper dans ses moments de détresse. Le pauvre, qui a oublié le chemin de l'église, n'a pas encore oublié celui du presbytère.

Là, tant qu'il y aura du pain sur la planche, le pauvre est assuré d'en avoir sa part. Tant qu'il y aura un prêtre sur la terre, le pauvre pasteur partagera avec son pauvre troupeau le pain de sa misère. Il voudrait bien donner davantage, mais la Révolution y a mis bon ordre ; et, si on la laissait réaliser sa fameuse théorie : *la séparation de l'Eglise et de l'Etat,* il n'y aurait bientôt plus de pain dans la *huche,* ni pour le prêtre ni pour le pauvre. Ce jour-là, le malheureux ne saurait plus à quelle porte frapper, car la Révolution lui aurait fermé la dernière porte qui lui restait ouverte.

M. Récipon, tout ancien démocrate qu'il est, comprit donc que le prêtre était encore le meilleur intermédiaire qu'il put choisir, entre les pauvres et lui.

Et puis, ce choix avait, pour le candidat, un avantage qu'il est inutile d'indiquer.

Un inconnu se présente donc, un jour, au presbytère de Rougé avec une certaine provision de blé, qu'il pria M. le Vicaire de vouloir bien distribuer aux plus nécessiteux. Certes, jamais prêtre n'a cherché à se soustraire à l'exercice si doux de la charité. Toutefois, il est assez naturel, lorsqu'on n'opère pas avec ses deniers, de chercher à savoir pour le compte de qui on opère. M. le vicaire de Rougé pria donc le mystérieux inconnu de satisfaire, à cet égard, sa légitime curiosité. Celui-ci s'en défendit longtemps, par modestie, sans doute. Enfin, il se décida àlâcher le nom du généreux bienfaiteur. Naturellement, c'était l'inévitable Récipon.

Le nom produisit son effet. M. le vicaire de Rougé connaît le *Timeo Danaos.*

L'envoyé fut prié d'aller plus loin exporter son blé électoral.

Je suppose, qu'en dépit du vicaire, les pauvres de Rougé n'auront pas perdu un seul grain de blé.

Conclusion. — Il ne faut pas être bien fier d'humeur et de tempérament pour être candidat démocratique. On recueille sur la grand'route électarale plus de rebuffades que de compliments. Ah ! si j'étais M. Récipon, comme je ne me ferais pas tant de bile, comme je m'endormirais d'un sommeil de plomb, avec mes millions, sur mes moelleux oreillers.

Chacun son goût !

CHAPITRE X

TROP DE ZÈLE.

·M. de Talleyrand, l'habile et peu scrupuleux diplomate que toute l'Europe a connu, donnait pour instruction aux nombreux agents placés sous ses ordres : *Surtout, Messieurs, pas de zèle !*

M. Récipon — sans être un Talleyrand — devrait bien faire la même recommandation à ses courtiers électoraux. En voulant trop bien faire, ils gâtent souvent les affaires du patron.

C'est surtout durant la période électorale, qu'il conviendrait de suivre le conseil du proverbe, qui recommande *de tourner sept fois sa langue dans sa bouche avant de parler.*

Pour avoir oublié ce précepte *de la sagesse des nations,* un ami de M. Récipon s'est engagé un jour dans une situation ridicule et sans issue.

Transportons-nous sur le bateau à vapeur qui fait le service de Nantes à Nort. Il n'est pas un Nantais qui n'ait fait ce délicieux voyage, parcouru cette charmante rivière aux eaux tranquilles, dont les bords sont parsemés de riches châlets, de coquettes villas.

Ce jour-là, bien qu'on fût en automne, l'Erdre était encore plus calme que d'habitude. Pas le moindre souffle n'agitait la surface de ses eaux, qui semblaient vouloir dormir plus profondément que celles d'un lac.

Cependant, grâce à la vapeur, le bateau glissait rapidement sur les eaux, qui ne lui opposaient que la faible résistance d'ondes endormies, dont un importun vient troubler le sommeil.

On venait de dépasser la Jonnelière et de verser sur ses quais les couples d'amoureux. Les oiseaux folâtres envolés, il ne restait plus à bord que des hommes sérieux, des visages sévères et compassés,

La plupart se contentaient d'admirer en silence
les beautés du paysage, leur esprit étant complètement absorbé par le spectacle des merveilles qu'ils
découvraient à tout instant.

D'autres, insensibles aux charmes de la nature,
causaient bruyamment. La période électorale ap-
prochait, naturellement on causait élections et
politique. Chacun émettait son avis plus ou moins
sensé.

Un amateur eut pu faire ample moisson, rien
qu'en recueillant toutes les sottises qui se débi-
taient à cette occasion. Il est vrai que le sujet
prête merveilleusement !

Dans un coin, un monsieur, propriétaire de l'arrondissement de Châteaubriant, fumait gravement
son cigare, en lançant contre le ciel des bouffées
de fumée. C'était son unique distraction, qui valait
bien la conversation de ses voisins, les hommes
d'Etat improvisés.

Un jeune blondin, assez bien mis, tourmenté du
besoin de causer, aperçoit le Monsieur au cigare,
dans lequel il flaire un électeur influent. Il s'agissait d'en entreprendre le siége, d'en faire la con-
quête. Il l'aborde sans plus de façon.

Il fallait une entrée en matière ; mais, en pareil
cas, on a toujours la grande ressource de la pluie
et du beau temps. Insensiblement, on arrive à la
question du jour.

Le courtier breveté et patenté pour la propagande,
ne manqua pas de faire l'éloge de son patron, de

vanter les avantages immenses, qui résulteraient pour la ville et l'arrondissement de Châteaubriant si M. Récipon était nommé député. Finalement, il fit ressortir les calamités sans nombre qui fondraient sur le pays dans le cas d'échec. En pareille matière, M. Récipon n'entend pas la plaisanterie, et il serait de force à faire à Châteaubriant, ce qu'il a fait à Nantes : savoir exporter au loin sa personne et ses millions, et alors que deviendrait l'arrondissement ?

Puis s'engagea entre les deux interlocuteurs la petite conversation suivante :

Le Propriétaire. — Mais on dit que M. Récipon est ennemi de la religion.

L'Agent électoral. — M. Récipon, ennemi de la religion ! Ah ! peut-on dire de pareilles choses ! lui qui, au contraire, est bien avec les curés, les bons frères, les bonnes sœurs, fait des présents à leurs églises et à leurs écoles !

Seulement, il y a quelque chose qui l'horripile dans la religion. Par exemple, il voudrait bien mettre fin à tous ces pèlerinages et autres mômeries, qui rendent les Français ridicules aux yeux de l'étranger. Il arrive d'Angleterre ; il a lu les journaux de Londres, et leurs colonnes sont tapissées de plaisanteries à nos dépens.

Le Propriétaire. — Mon Dieu, Monsieur, pour mon compte, je m'inquiète fort peu des railleries des journaux britanniques, qu'il est facile de leur retourner avec usure ; et je dois vous avouer que j'arrive moi-même de Lourdes, il y a quinze jours, et que je ne me trouve nullement ridicule.

Tableau !

Sur ce, le courtier électoral, ne pouvant avaler sa langue, la mordit cruellement, pour la punir d'avoir été trop longue; Il s'en alla plus loin, dans un coin du bateau, méditer sur les inconvénients de parler à tort et à travers, et s'informer près d'un voisin charitable, quel pouvait bien être cet étra nge Monsieur, assez moyen-âge, pour aller à Lourdes et en revenir, sans se trouver ridicule. On lui répondit que c'était M. de ***.

*
* *

Ce ne sont pas seulement les courtiers de M. Récipon, qui ont parfois la langue trop longue ; le patron lui-même a bien quelques faiblesses à se reprocher à cet égard.

Ne dire que ce qu'il faut, comme il le faut, est un talent que tout le monde n'a pas et ne saurait avoir. Il faut pour cela du tact, de l'esprit, du savoir-faire, toutes choses qui ne s'achètent pas !

A ce sujet, on m'a raconté une plaisante anecdote, dont je ne saurais garantir la parfaite authenticité, et que je donne pour ce qu'elle vaut.

Un paysan, fin matois, voulant connaître au juste la pensée intime de M. Récipon, à l'endroit du clergé et de la religion, prit le meilleur moyen.

Il s'en alla tout bonnement le trouver, lui raconte qu'il a beaucoup à se plaindre de son curé, et qu'il voudrait bien obtenir son changement.

Tout autre eut dit simplement au paysan : « Mon bonhomme, arrangez-vous avec votre curé ; ce ne sont pas là mes affaires. Je déplace bien mes fagots, mais je n'ai pas le pouvoir nécessaire pour déplacer les curés. Loin d'être évêque, je n'ai même pas encore reçu la tonsure. »

On dit que M. Récipon ne se comporta pas ainsi. Il se fit raconter l'histoire tout au long, fit semblant de prendre des notes, et promit au brave paysan son tout-puissant appui, relativement au renvoi de son curé. Il s'apprêtait à le congédier d'une façon polie, lorsque celui-ci, démasquant ses batteries, lui dit de son air le plus finaud :

« Je ne voulons point du tout le renvoi de notre
» curé ; j'en sommes ben contents ; je voulions
» seulement savoir de vous si vous aimiez les prê-
» tres. Je sommes fixés. Je n'avons plus qu'à vous
» remercier. »

CHAPITRE XI

LES PETITS TRAVERS DE M. RÉCIPON.

Naturellement, M. Récipon possède les nombreux travers, qui constituent l'apanage de l'espèce dite des parvenus, et qui complètent si bien le lot de petits talents, que le Père Éternel a déposés dans leur berceau, au jour de leur naissance.

Une des faiblesses du candidat malheureux de l'arrondissement de Châteaubriant, c'est de vanter à tout propos son énorme fortune. Il saisit et, au besoin, fait naître les occasions d'en parler, comme s'il tenait à persuader au public que toute sa valeur personnelle est dans sa caisse, soigneusement renfermée avec ses autres valeurs.

Causant un jour à M. de la H..., qu'il avait rencontré dans une de ses courses électorales, il lui dit de ce ton qu'on lui connaît, et en se rengorgeant : « *Nous autres, grands propriétaires, etc.* » — Et le reste à l'unisson !

*
* *

M. Récipon, constamment préoccupé du désir d'attirer sur lui l'attention publique, ne fait rien comme tout le monde.

Les autres mortels, favorisés des dons de la fortune, se contentent d'un seul landau à la promenade, celui qui contient leur unique personne.

M. Récipon en a deux : un pour promener Son Importance, l'autre pour lui faire cortége à vide.

Il en manque un troisième pour servir d'avant-garde.

*
* *

J'ai déjà dit un mot de l'entourage intime, entourage démocratique et social de M. Récipon.

Pour être juste, je dois ajouter qu'il ne demanderait pas mieux que de changer d'état-major, et faire sortir son nom de l'épaisse obscurité, d'où les millions n'ont pu le tirer, malgré les coups de tam-tam du *Journal de l'arrondissement de Châteaubriant.*

Dernièrement, il a trouvé le moyen — moyennant finances — de glisser son nom à côté de quelques noms aristocratiques de France. Ce soir-là, il s'est endormi dans la chemise d'un homme heureux.

M'intéressant tout particulièrement à ce qui concerne M. Récipon, j'ai eu la patience, il y a moins d'un an, de copier l'annonce suivante à la 4ᵉ page de journaux :

Compagnie des Chemins de Fer de Bourges à Gien et d'Argent à Beaune-la-Rollande.

SECTION DU CHEMIN DE FER PROJETÉ DE PAU A NARBONNE.

SOCIÉTÉ ANONYME AU CAPITAL DE 15.000.000 fr. DIVISÉ EN 30,000 ACTIONS DE 500 FR.

Siége à Paris : 67, rue Saint-Lazare.

MM. DE COSSÉ, DUC DE BRISSAC ✳, *président.*

MARQUIS DE GOUVELLO ✳, ANCIEN DÉPUTÉ, *vice-président.*

MARQUIS DE BANNEVILLE ✳, *ancien ambassadeur.*

LÉONCE REYNARD, *Trésorier-Payeur général du Cantal.*

BRIERRE *, *Député du Loiret, Membre du Conseil général du Loiret, Maire de Pithiviers.*

AMÉDÉE OUTREY *, *ancien Conseiller d'Ambassade, Administrateur de la Société du Laurium et des Mines de houille de Graigola et Swansea.*

SAVARY, *Député, Secrétaire de la Chambre.*

EMILE RÉCIPON , *Propriétaire à Châteaubriant.*

OTTWAY, *ex-Secrétaire d'Etat au ministère des affaires étrangères de S. M. Britannique.*

SIR CARMICHAEL, *Président de la Compagnie des Télégraphes sous-marins de Londres.*

JOHN CHAPMAN, *Esq Président du South Eeastern of India.*

SIR VILMOT, *baronnet, Membre du Parlement anglais.*

- Je ne sais si le lecteur sera de mon avis, mais je trouve que le nom de M. Récipon fait un drôle d'effet au milieu de ces célébrités françaises et anglaises.

M. Emile Récipon vient juste opérer la séparation entre les noms français et les noms anglais, comme si la Compagnie des chemins de fer de Bourges à Gien avait voulu indiquer que M. Récipon est Anglo-Français : Français par sa naissance,

Anglais par sa fortune, fruit d'un héritage britannique.

CHAPITRE XII

CHANGEMENT DE BOULANGER.

Je n'ai pas pour habitude de me mêler des affaires de ménage d'autrui. Même dans la période électorale, les droits du biographe expirent au seuil du domicile, et ne lui permettent pas de franchir le mur de la vie privée.

Toutefois, il est un fait que je ne saurais passer sous silence, vu la publicité qu'il a déjà reçue, et le changement qu'il peut apporter dans les destinées politiques de M. Récipon.

Tout le monde sait la large place que M. Cleiftie occupait, depuis 1874, dans la vie publique et privée du Crésus Nantais. Ce n'était pas un intendant ordinaire, c'était la doublure de M. Récipon, son Sosie, son frère siamois. Le patron et le serviteur ne se quittaient pas d'une semelle. Lorsque M. Récipon éternuait, M. Cleiftie se mouchait.

Celui-ci n'avait pas pour unique attribution d'administrer les biens de son maître, il était encore le distributeur de ses libéralités, et il s'occupait activement de lui tailler une place honorable dans l'arrondissement de Châteaubriant, à partir du jour où il fut démontré qu'il n'y avait rien à faire à Nantes.

Peut-être qu'à la longue, il eut fini par réussir.

L'Association Récipon-Cleiftie, que l'on croyait éternelle, s'est dissoute brusquement, il y a plusieurs mois. Maître et serviteur sont allés chacun de leur côté. Ainsi passent les amitiés de ce monde!

Je n'ai pas à expliquer les causes de la rupture de cette association compliquée.

Ce petit évènement peut avoir une grande importance à la veille de l'élection, et c'est à ce titre seul que je m'en occupe ; autrement il sortirait tout-à-fait du cercle de mes attributions.

Voilà donc M. Récipon perdu dans l'arrondisse- de Châteaubriant, sans appui, sans soutien, privé de son meilleur auxiliaire, disons de son meilleur boulanger, à l'heure où il en avait le plus grand besoin.

On sait que M. l'ex-intendant connaissait la pâte électorale et s'entendait merveilleusement à la pétrir. Il avait travaillé pour son compte dans la boulangerie, quartier de Saint-Pierre, et avait très-bien réussi.

Depuis, il avait consenti à former avec M. Récipon une association, avec participation aux bénéfices, pour l'exploitation en grand du suffrage universel, dans l'arrondissement de Châteaubriant. La farine ne manquait pas, le levain non plus, les fours ne demandaient qu'à chauffer, et voilà que tout-à-coup le boulanger en chef se dérobe, laissant à des mitrons le soin de pétrir et de chauffer.

Ceux-ci sont pleins de bonne volonté , mais connaissent-ils assez le métier pour se passer de patron. *That is the question*, comme dirait M. Récipon.

Je regrette de n'avoir pas appris dans ma jeunesse le métier de boulanger. Sans cela je me serais mis sur les rangs, le jour où M. Récipon songera à donner un successeur à M. Cleiftie.

Pourquoi pas ? — On a bien vu des rois épouser des bergères, pourquoi ne deviendrais-je pas conseiller intime de Crésus II?

Pour l'instant, M. Récipon se contente d'un tout jeune homme pour secrétaire de ses commandements.

CHAPITRE XIII

NE FORÇONS PAS NOTRE TALENT

J'ai fini avec les tribulations électorales de M. Récipon.

Le métier de candidat a ses rigueurs. Il suppose un caractère bien fait, une âme peu sensible, un esprit sachant entendre la plaisanterie et supporter la contradiction.

Quiconque ne possède pas ces qualités ne doit pas descendre dans l'arène électorale, où il ne faut que des athlètes vigoureusement trempés.

Voilà longtemps que je répète à M. Récipon ces

vérités élémentaires, sans qu'il ait l'air de vouloir les comprendre.

Voyez ! Encore convalescent du chagrin que lui avait fait éprouver son double échec, à peine remis des blessures qu'il avait reçues dans la lutte, le voilà qui se relance dans la mêlée avec une nouvelle ardeur.

Je crains fort qu'à la longue, cet amour exagéré du galon et du pompon ne lui devienne funeste, et qu'à force de vouloir trop en faire, il ne tombe une bonne fois pour ne plus se relever.

Mourir les armes à la main est certainement une mort glorieuse, quand on combat pour une noble cause — et quelle cause plus noble que la sienne ! — mais M. Récipon n'a pas encore 39 ans sonnés, et il ne voudrait pas, à cet âge, frustrer le pays des services qu'il est en droit d'attendre de lui.

Le fabuliste lui a pourtant mis sous les yeux un grand exemple, dont il devrait bien faire son profit. Que gagna la grenouille à vouloir s'égaler au bœuf ?

M. Récipon est en train de jouer un des premiers rôles dans la comédie humaine ; et, s'il n'y prend garde, ce sera sous les traits du personnage ridicule, qu'il passera à la postérité.

La faute n'en sera pas à moi, qui, depuis sept ans, dépense mon temps — et souvent mon argent — à lui crier : *casse-cou !* et à le prémunir contre cette déplorable manie, de vouloir être quelque chose dans la commune, l'arrondissement, le département, l'Etat, quand la bonne nature l'avait si peu taillé pour ces rôles divers.

On ne saurait tout avoir ! Du côté de la fortune, M. Récipon a été traité en enfant gâté. Que ne se contente-t-il de ce lot ? Il m'épargnerait le désagrément de lui dire de dures vérités, et il s'épargnerait à lui-même le désagrément de les entendre.

CHAPITRE XIII

HISTOIRE DU XIX° SIÈCLE RACONTÉE A MES PETITS-ENFANTS.

Ceci se passait dans les années 1876 et 1877. Un homme vint un jour dans une ville, où il était absolument inconnu la veille, aussi inconnu que la généalogie du grand-prêtre Melchisedech.

On ne savait rien de sa vie, rien de son passé, rien de son présent, si ce n'est qu'il venait d'acquérir une forêt, beau mérite, il est vrai, mais tout à fait insuffisant pour inspirer du premier coup une confiance illimitée.

La forêt en question s'appelait *la forêt de la Candidature,* et l'arrondissement où elle était située, *l'arrondissement de La Veste.* Quant à l'homme, je ne veux pas le nommer ; convenons de l'appeler Jean.

Donc Jean, à peine débarqué, n'eut rien de plus pressé, que de poser sa candidature et de solliciter les suffrages de l'arrondissement.

Remercié par les frères et amis d'une grande ville voisine, dont il avait été longtemps l'enfant gâté, il s'était retourné philosophiquement vers les champs, où il pensait trouver un ciel plus clément.

Au premier abord, on fut quelque peu choqué des prétentions de Jean, qui semblait considérer l'arrondissement de Châteaubriant comme une seconde Béotie, mais au XIXe siècle il se passait des choses tellement étranges, qu'on finit par se faire aux prétentions de Jean.

Jean prit aussitôt des airs de *petit roi d'Yvetot,* qui, comme dit la chanson :

Se levait tard
Et se couchait tôt.

courant les grands chemins, les foires et les marchés dans des landaus dorés, précédés et suivis par des laquais en grande livrée, galonnés sur toutes les coutures.

Jean, qui avait beaucoup d'idées à lui appartenant, en avait une surtout qui lui tenait au cœur : c'était d'acclimater en France le procédé anglais en matière électorale ; procédé très-commode, amendé par Wilson, châtelain de Chenonceaux, et qui consiste à prendre le chemin du ventre pour arriver sûrement au cœur ; en d'autres termes, à acheter tout un arrondissement, ventres et consciences compris.

Oubliant que la misère est sacrée, et que s'il est du devoir de l'heureux de ce monde de secourir l'infortune, on ne doit lui demander aucun service en échange, Jean, quand il la rencontrait en chemin, lui jetait au cou le lacet de la bienfaisance, pour l'atteler sûrement à son char.

A force de pratiquer ce petit exercice, Jean pensait qu'il arriverait à ses fins, qui étaient d'obtenir un siège au Parlement de Versailles.

Les électeurs essayèrent, en vain, de le désabuser, en le blackboulant deux fois.

Jean feignit de ne pas comprendre la leçon, et en appela une troisième fois au corps électoral, pour le faire revenir sur ses précédentes décisions.

Pour le coup, les électeurs impatientés voulurent en finir une bonne fois avec cette personnalité remuante et encombrante, qui cherchait à prendre dans l'opinion publique et l'arrondissement de Châteaubriant, des proportions vraiment inquiétantes pour la circulation publique.

Et Jean fut blackboulé une troisième fois, avec encore plus d'avantage.

Ici, mes petits-enfants, finit l'histoire de Jean.

— Et que devint Jean ? demandèrent à la fois les deux petits chérubins auxquels je racontais cette histoire.

— Mes petits-enfants,

> Jean s'en alla comme il était venu,
> Mangeant son fonds avec son revenu.

Héric, le 10 septembre 1877.

FIN.

TABLE DES MATIÈRES

LIVRE I

AVANT.

LE VIEUX RÉCIPON, TANNEUR RADICAL.

LIVRE II

—

APRÈS.

LE NOUVEAU RÉCIPON, MILLIONNAIRE
CONSERVATEUR.